心にのこる
オリンピック・パラリンピックの読みもの

別巻

リオから東《とう》京《きょう》へ、つながる夢《ゆめ》

学校図書

はじめに

紀元前７７６年からおよそ１２００年間にわたって、古代ギリシャのオリンピアでは、４年に一度、スポーツの大きな祭典が行われていました。「古代オリンピック」です。

19世紀の終わりごろ、フランス人のクーベルタン男爵《だんしゃく》は、その古代オリンピックを復活《ふっかつ》させました。それが、１８９６年の第1回アテネ大会から始まり、現代まで続いている「近代オリンピック」です。

古代オリンピックでは、たとえ戦争中であっても、休戦してスポーツの祭典を行いました。クーベルタンは、その平和の精神《せいしん》も引きつぎました。オリンピックでは、民族、宗教《しゅうきょう》、言葉などが異《こと》なる国や地域《ちいき》の選手が、スポーツを通して平和に競い合うのです。

また、パラリンピックは、障《しょう》がいのある人たちが参加する「もうひとつのオリンピック」として、オリンピックの開催都市《かいさい》で、オリンピックの終了後に行われています。

オリンピックとパラリンピックは、感動がいっぱいつまった大きな宝箱《たからばこ》です。

アスリートたちの戦いは、勝者と敗者を生みだします。勝った選手は喜びの笑《え》顔《がお》をみせ、敗れた選手はくやし涙《なみだ》を流します。そこには、想像《そうぞう》をこえたドラマがあり、心にのこる感動があります。

この本では、そんなオリンピック・パラリンピックの感動の一部をみなさんにお届《とど》けします。

この巻《かん》のテーマは「リオから東京《とうきょう》へ、つながる夢《ゆめ》」。

２０１６年リオデジャネイロ大会が終わり、いよいよ次は２０２０年東京大会。待ちに待った地元で行われるオリンピック・パラリンピックです。世界中から集まった選手たちがあたえてくれる大きな感動と勇気は、私たちにとって一生の思い出になるでしょう。

さあ、スポーツの感動ドラマが再《ふたた》び始まります。

もくじ

コラム

奇《き》跡《せき》の5連続ポイント、大《だい》逆《ぎゃく》転《てん》の金メダル

北京《ペキン》大会で4位、ロサンゼルス大会で銀メダルと、世界一に手がとどくところまできたバドミントン女子ダブルス。２０１６年リオデジャネイロ大会では、「タカマツペア」に金メダルの期待がかかっていた。しかし、決勝戦では、あと2ポイントで敗戦というがけっぷちまで追いこまれていた。

バドミントン／女子ダブルス

髙橋礼華《たかはしあやか》選手と松友美佐紀《まつともみさき》選手

16―19

そのとき高橋礼華《たかはしあやか》は伊調馨《いちょうかおり》のことを考えていた。

リオデジャネイロオリンピック女子レスリング58キロ級決勝。伊調は相手に1ポイントのリードを許《ゆる》す苦しい展開《てんかい》だったが、終了《しゅうりょう》直前に2ポイントをうばって逆転《ぎゃくてん》勝利。女子個人《こじん》種目で史上初の4連覇《れんぱ》という快挙《かいきょ》を達成した。オリンピックでは何が起きるかわからない。

バドミントン女子ダブルス決勝。「タカマツペア」と呼《よ》ばれる高橋礼華・松友美佐紀《まつともみさき》ペアの相手は、前年の世界選手権《せんしゅけん》2位のデンマークペアだ。

第1ゲームは、松友が緊張《きんちょう》して強気に出ることができず、逆《ぎゃく》に高橋が攻《せ》めすぎて空回《からまわ》りしてしまった。相手はそのスキをついて積極的に攻めてくる。一進一退《いっしんいったい》の攻防《こうぼう》ではあったが、18―21でこのゲームをうばわれてしまう。だが、高橋は落ち着いていた。

「次をとり返せばいい」

右ページ・金メダルが決まった瞬間《しゅんかん》、松友《まつとも》(上)は飛びはねて喜び、髙橋《たかはし》(下)はたおれこんで涙《なみだ》を流した。

第2ゲームは相手が疲《つか》れたところで攻《せ》めに転じ、21—9でとった。

そして最終の第3ゲーム。これをとったペアが金メダルの栄誉《えいよ》に輝《かがや》く。手に汗《あせ》にぎる展開《てんかい》が続いた。だが16—16から3連続ポイントをうばわれ、16—19。相手が3点リードの状況《じょうきょう》で、あと2点とられたら負けてしまう。大ピンチだ。

「負け」という言葉が二人の頭をかすめる。高橋《たかはし》がレスリング伊調《いちょう》の大《だい》逆転《ぎゃくてん》を思ったのはこのときだった。

「ここからでも逆転できる」

デンマークペアの緊張《きんちょう》が伝わる。相手も必死だった。

高橋が大きく打ったサーブを相手が松友《まつとも》の前に返す。それを松友が相手のネット際《ぎわ》に落とした。バレーボールのフェイントのように、強く打つと見せかけながら軽く当ててネットの近くに落とす打ち方だ。このドロップショットで日本が1点を返して17—19とした。デンマークの連続ポイントを3点で止めたのである。

このとき、相手の足は止まっていた。ラケットは球（シャトル）にふれることもできなかったのだ。

それにはわけがあった。1球前、16—18のときに松友が球をネットにひっかけてしまっていた。相手のネット際に落とせばポイントをとれそうなところで強く打ちにいったミス。差が3点と開いてしまった。

そのとき髙橋は、一瞬《いっしゅん》、松友に背《せ》をみせてくやしい表情《ひょうじょう》をする。コートサイドのコーチからも、松友を責《せ》める激《はげ》しい声がとぶ。「どうして落ち着いていかないんだ！」とさけぶ声だ。だがこうした切羽《せっぱ》つまった試合で、しかも大歓声《だいかんせい》の中で、コーチの声など選手の耳にはとどかない。それが幸いした。松友はきびしく責められると、のびのびとしたプレーができなくなるタイプだったのだ。

髙橋はそのことを知っていた。くやしい気持ちをふりはらって松友に声

オリパラクイズ. 1

第31回オリンピック2016年リオデジャネイロ大会には、206の国と地域《ちいき》が参加しました。では、第1回オリンピック1896年アテネ大会に参加した国は何か国だったでしょうか？

①14か国　②28か国　③49か国

（答えは12ページ）

をかける。

「ドンマイ、ドンマイ」

一方、松友《まつとも》は落ち着いていた。積極的に攻《せ》めた結果のミスだったからだ。自分の攻撃《こうげき》はまちがっていないと信じていた。これで次の一手が決まった。次はネット際《ぎわ》に落とせば点がとれる。

そしてそのとおりになった。

一つ前のプレーで松友の強打を見た相手は、次も強く打ってくるものと考え、後ろに引いてかまえていた。松友のドロップショットがきれいに決まったのには、こうしたわけがあったのだ。

17―19と2点差につめたが、まだ負けている。相手が勝つにはあと2ポイントでいい。だが日本のペアが勝つには4ポイントが必要だ。

ポイントを決めガッツポーズをする髙橋《たかはし》と松友《まつとも》。高校時代からペアを組んで10年、息の合ったプレーが彼女《かのじょ》たちの持ち味だ。

しかし、この1ポイントがドラマの始まりだった。髙橋《たかはし》と松友は、逆転《ぎゃくてん》の金メダルへと続く、5連続ポイント獲得《かくとく》という奇跡《きせき》を起こしたのだ。

奈良《なら》県で生まれた髙橋がバドミントンを始めたのは6歳《さい》のとき。小学4年で、全国小学生ABC《エービーシー》大会という全国大会で優勝《ゆうしょう》した。中学からは宮《みや》城《ぎ》県の聖《せい》ウルスラ学院《がくいん》英智《えいち》中

学校へ進んだ。
徳島《とくしま》県出身の松友《まつとも》も小学4年のときに全国小学生ABC《エービーシー》大会で優勝《ゆうしょう》。徳島中学校に入学したが、高校は聖《せい》ウルスラ学院英智《がくいんえいち》高等学校へ進み、そのとき2年生だった髙橋《たかはし》と出会った。

二人とも小学生のときに、シングルスで全国大会の優勝経験《けいけん》がある。しかし、ウルスラ学院には強い選手が多かったため、髙橋も松友もそれほど注目されていたわけではなかった。試合に出るダブルスのペアを発表したとき、監督《かんとく》は二人を忘《わす》れていたのだ。

「私《わたし》、呼《よ》ばれてないんですけど」と髙橋が言ったことで、監督は髙橋を思い出し「そうそう、おまえは松友と組んでもらうから」と二人を組ませることに決めた。この二人が将来《しょうらい》オリンピックで金メダルを手にすることなど、誰《だれ》も想像《そうぞう》していなかった。監督も、もちろん本人たちも。

9ページの答え　①14か国

第1回オリンピック1896年アテネ大会に参加したのは欧米《おうべい》の14か国で、選手は男子だけの241人でした。2016年リオデジャネイロ大会には206の国と地域《ちいき》、11,237人が参加しました。また、内戦などによる難民《なんみん》のために、初めて「難民選手団《せんしゅだん》」が結成されました。

それまで高橋は別の選手とペアを組んでいた。二人はどちらも積極的に攻《せ》めていく、よく似《に》たタイプだった。バドミントンのダブルスは、ペアの性格《せいかく》やプレースタイルが似ているとうまくいかないことがある。この二人はプレーがうまくかみ合っていたとはいえなかった。

しかし、高橋と松友は似ていない。積極的なタイプの高橋と、誰にでも合わすことのできる松友。外出好きな高橋と、部屋でおとなしくしている松友。二人は対照的な性格だった。そして二人が同学年ではなく先輩《せんぱい》と後輩《こうはい》であり、さらに高橋には妹がいて松友には姉がいるということも、二人がペアとしてうまくやっていくためにはプラスになった。

髙橋《たかはし》は、力強く正確《せいかく》なスマッシュを武器《ぶき》とする。

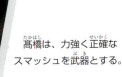

髙橋《たかはし》が3年、松友《まつとも》が2年でむかえたインターハイでのこと。試合前日の練習で髙橋が右足をねんざしてしまった。コートに落ちた自分の汗《あせ》にすべって転んだのだ。大きくはれてしまった髙橋の足を見た監督《かんとく》は、「無理だ。試合に出られない」と言った。

だが、髙橋はあきらめていなかった。痛《いた》みをこらえながら監督の目がとどく場所でフットワークの練習をして、出られること、出たいことをアピールした。

考えたあげく、監督は髙橋と松友のペアを出すことにした。試合が始まると、ケガをしている髙橋をカバーするために松友が集中力を高め、よい動きをしたのだ。結果は優勝《ゆうしょう》。これには監督も驚《おどろ》いた。二人のきずなも深まり、ここから二人はそれまで以上に強くなっていった。

松友《まつとも》は、読みの鋭《するど》さで攻撃《こうげき》を組み立てる。

高校を卒業した髙橋が日本ユニシスに入社すると、1年後に松友も後を追い、ふたたびペアを組むようになる。以来、全日本総合《そうごう》バドミントン選《せん》手権《しゅけん》では優勝をかさね、2014年には日本勢《にほんぜい》として初の世界ランキング1位となった。2016年リオデジャネイロオリンピックでは、女子ダブルスの金メダル候補《こうほ》といわれるまでになった。

リオの初戦、髙橋・松友の相手はインドのペアに決まった。このペアは32歳《さい》と26歳のベテランコンビ。むちゃなことをしないため戦いやすく、21—15、21—10で完勝。次はタイのペアだ。この戦いも21—15、21—15で無《ぶ》難《なん》に勝ちをかさねた。予選最後の試合の相手はオランダ。一方的な試合となり、21—9、21—11で髙橋・松友の圧勝《あっしょう》だった。

準々決勝《じゅんじゅんけっしょう》はマレーシア。第1ゲームはとったものの、第2ゲームはとられてしまった。だが第3ゲームは落ち着きをとりもどして力強く戦う。

オリパラクイズ.2

バドミントンは1992年バルセロナ大会からオリンピックの正式競技《きょうぎ》となりました。2016年リオデジャネイロ大会まで、オリンピックのバドミントン競技で最も多くの金メダルを獲得《かくとく》している国はどこでしょうか？

①韓国《かんこく》　②中国《ちゅうごく》　③インドネシア

（答えは18ページ）

21―16、18―21、21―9という結果で勝ち進んだ。準決勝《じゅんけっしょう》の相手は韓国《かんこく》。積極的に攻《せ》めてくるタイプの相手で、過去《かこ》に負けたことがある。しかし、始まってみれば相手を圧倒《あっとう》する試合展開《てんかい》となり、21―16、21―15で破《やぶ》り、決勝進出を決めた。決勝の相手はデンマークとなった。

17―19　デンマークペアはまだ2点リードしていたが、優勝《ゆうしょう》を意識《いしき》して強いプレッシャーをかかえていた。フットワークがよくない。相手が前に出てきたときに松友がクロスへ強いスマッシュを打つと、見事に決まった。

18―19　1点差にせまった高橋《たかはし》・松友《まつとも》。勝っているデンマークにあせりが見える。激《はげ》しいラリーを制《せい》したのは、落ち着いて中央をねらった松友の強烈《きょうれつ》なスマッシュだった。3連続ポイントで同点に追いつく。あきらめて

左ページ・決勝は長身のデンマークペアとの戦いとなった。ともに1ゲームずつをとり、金メダルがかかった3ゲーム目は16−19と追いこまれても、冷静《れいせい》にそして強気にプレーした。

Rio2016
PEDERSEN
DENMARK
Rio2016
JUHL
DENMARK

はいけないと高橋《たかはし》は思っていた。松友《まつとも》はラリーを楽しんでいた。

19—19　追いつかれたデンマークペアは冷静《れいせい》さを欠いているように見えた。一方、高橋・松友は落ち着いていた。デンマークのきびしい攻撃《こうげき》をことごとくかわす。たえきれなくなったデンマークにミスが出て、ついに逆《ぎゃく》転《てん》に成功した。4連続ポイントだ。客席から歓声《かんせい》がとどろく。日の丸を大きく振《ふ》る人、「あと1点！」とさけぶ人。だが、高橋・松友は顔色ひとつ変えず、真剣《しんけん》なまなざしで相手とコートを見つめる。二人とも冷静だった。

20—19　日本のマッチポイント。デンマークペアには、なかばあきらめムードがただよっていた。高橋・松友はスマッシュを3本しのぐ。そして最後のときがおとずれた。高橋が打ったスマッシュをデンマークはネットに引っかけてしまったのだ。その瞬間《しゅんかん》、日本の金メダルが決まった。

15ページの答え　② 中国《ちゅうごく》

オリンピックのバドミントン競技《きょうぎ》は、現在、男女シングルス、男女ダブルス、混合《こんごう》ダブルスの5種目が行われていますが、中国は2016年リオデジャネイロ大会までに18個《こ》の金メダルを獲得《かくとく》しています。次いでインドネシアが7個、韓国《かんこく》が6個と、アジアの国々が活躍《かつやく》しています。

うれしさのあまりたおれこんで泣いている髙橋。ぴょんぴょんと飛びはね、しゃがみこむ笑顔《えがお》の松友。試合会場は悲鳴のような歓声につつまれた。二人はそれまでの冷静さがうそのように、全身でよろこびを表現した。喜怒哀楽《きどあいらく》のある髙橋とおとなしい松友が、ともにとびきりの笑顔を浮《う》かべだき合う。そして、涙《なみだ》をふいた。

奇跡《きせき》の5連続ポイントがもたらしたものは、髙橋と松友の笑顔と涙。それは、たちまち応援《おうえん》するすべての人に伝わり、みんなを幸せな気持ちにした。

悲願の金メダルを獲得《かくとく》し、
だき合って喜ぶ二人。

2016

Rio de Janeiro

夏季／リオデジャネイロ大会

日本が「9秒台」を超《こ》えた日

100メートル9秒台の
選手が一人もいない日本が、
オリンピックのリレーで
銀メダル！
世界一のチームワークと
バトンパスが日本中を、
そして世界を驚《おどろ》かせた。

陸上／男子 4×100mリレー

日本チーム

2016年8月19日、夜。リオデジャネイロのオリンピックメインスタジアムで、観衆《かんしゅう》は陸上競技《きょうぎ》最後の花形種目、男子4×100メートルリレー決勝の選手入場を待っていた。

4×100メートルリレーといえば、今大会の100メートル・200メートルの金メダリストであるウサイン・ボルトをはじめ、短距離《たんきょり》種目のメダリストがキラ星のごとくひしめいている。決勝の走者ともなれば、100メートル9秒台の自己《じこ》ベストは当たり前の世界だ。優勝候補《ゆうしょうこうほ》は、ボルトのいるジャマイカと短距離王国アメリカ。そのほか、2012年ロンドン大会で銀メダルを獲得《かくとく》したトリニダード・トバゴ、銅《どう》メダルのフランスなどが顔をそろえている。

だが、今大会にはそれらの国々以外に、驚《おどろ》くべき躍進《やくしん》をみせているチームがあった。予選をアメリカに次ぐ2位のタイムで突破《とっぱ》した日本チームだ。100メートル9秒台の記録をもつ選手はいない。それだけでなく、個人《こじん》種目

右ページ・世界を驚《おどろ》かせた4人。
左から、1走・山縣亮太《やまがたりょうた》、2走・飯塚翔太《いいづかしょうた》、4走・ケンブリッジ飛鳥《あすか》、3走・桐生祥秀《きりゅうよしひで》。

で決勝に進出した選手さえ一人もいないのだ。それでいて予選を2位で通《つう》過《か》した日本に、世界は注目していた。

はなばなしい音楽が始まった。いよいよ選手入場だ。初めに登場したのは第1レーン、イギリス。この大会までのシーズン世界最高タイムをもっているチームだ。次に開催国《かいさいこく》のブラジルが入場すると、会場中が歓声《かんせい》にわいた。第3レーンのアメリカは短距離《たんきょり》王国の余裕《よゆう》か、選手たちは平然としたようすで姿《すがた》をあらわす。第4レーンのジャマイカは、陽気なパフォーマンスで観客を喜ばせた。次に登場したのが日本チームだ。それまでの選手たちよりひとまわり体の小さな若者《わかもの》が4人、笑顔《えがお》で横一列に並《なら》んだかと思うと、右腕《みぎうで》を反対側の腰《こし》の位置から勢《いきお》いよく振《ふ》り上げてみせた。侍《さむらい》が刀をぬく動作だ。4人のパフォーマンスに、観客も笑顔で喝采《かっさい》をおくった。

4人の表情《ひょうじょう》に、大舞台《おおぶたい》で強豪国《きょうごうこく》に囲まれているという重圧《じゅうあつ》は見られない。

それよりも、これから始まるレースへの期待感がにじみ出ていた。

第1走者は、数日前の100メートル準決勝《じゅんけっしょう》で日本選手オリンピック歴代最速となる10秒05を出したばかりの山縣亮太《やまがたりょうた》。第2走者は、オリンピック2大会連続出場の飯塚翔太《いいづかしょうた》。第3走者は、最年少20歳《さい》にして〝日本でもっとも9秒台に近い選手〟といわれる桐生祥秀《きりゅうよしひで》。アンカーは、ジャマイカ人の父をもち、この年急成長したケンブリッジ飛鳥《あすか》。この4人からなる日本チームは、予選でアジア記録を更新《こうしん》する37秒68のタイムを出していた。

「決勝では、もっといける」

それが、彼《かれ》らが共通して感じていた手ごたえだった。

200メートルが専門《せんもん》の飯塚を除《のぞ》く3人は、100メートルで日本一を競《きそ》い合うライバルどうしだ。大会直前に行われた日本選手権《せんしゅけん》でもワン・ツー・スリーフィニッシュを決めている。実力の差はわずかだ。

オリパラクイズ.3

オリンピックの陸上リレー種目は、現在4×100mリレー（男女）と4×400mリレー（男女）が行われています。かつてオリンピックで行われたことのある陸上リレー種目は次のどれでしょうか？

①4×200mリレー　②4×800mリレー　③1600mメドレーリレー　（答えは次のページ）

「このなかの誰《だれ》が日本人初の9秒台を達成するか」

これは、長年〝10秒の壁《かべ》〟を前に苦しんできた日本陸上界の、いや日本全体の関心事でもあった。年齢《ねんれい》も近い3人の火花散るようなライバル意識《いしき》……それは、おたがいの実力を認《みと》め合っているということ。これが日本チームの自信の源《みなもと》だった。

自信の源はもうひとつある。〝世界一のバトンパス〟だ。パスを受けるときにあまり減速《げんそく》せず、受けたあと加速しやすいが、受けわたし失敗のリスクも高いとされるアンダーハンドパスを日本チームは長年研究し、精度《せいど》を高めてきた。2008年北京《ペキン》大会でも、日本チームはこのパスを成功させ、陸上リレー種目で史上初のメダルを獲得《かくとく》している。

今大会のチームは、練習で一度もバトンパスの失敗をしていなかった。

「自分が思い切り出ても、前の走者は絶対《ぜったい》にバトンをわたしてくれる」

「何が何でも、次の走者にきちんとバトンをわたす」

23ページの答え　③1600mメドレーリレー

1908年のロンドン大会で、２人が200m、1人が400m、1人が800mを走る1600mメドレーリレー（男子）が行われました。2020年東京大会では新種目として、男女２人ずつでチームを組む「混合《こんごう》4×400mリレー」が行われます。

選手それぞれがおたがいの力を信じ、全力を出すことができる。〝世界一のバトンパス〟は、〝世界一の信頼関係《しんらい》〟でもあった。

全チームが入場し、第1走者がスタートラインに立つ。

山縣亮太《やまがたりょうた》はスタートの得意な選手だ。力みのない立ち上がりでするするとぬけ出し、先行するのが彼《かれ》の持ち味。「どうしたら速く走れるか」をきっちりと考え、研究を重ねた走りだ。中学・高校で注目され、オリンピック初出場の2012年ロンドン大会で10秒07の好記録を出した山縣は、陸上短距離界《たんきょりかい》のエースだった。今大会の、約3年前までは……。

2013年に行われた国内の陸上競技《きょうぎ》大会の予選で、なんと17歳《さい》の高校生が、日本記録にあと0・01秒とせまる10秒01を記録したのだ。決勝は山縣と高校生の一騎打《いっきう》ちになり、ここでも山縣は0秒01の差で負けた。その高校生が、桐生祥秀《きりゅうよしひで》だった。

オリパラクイズ.4

陸上女子のアリソン・フェリックス選手（アメリカ）は、2004年アテネ大会から2016年リオデジャネイロ大会まで４大会連続でオリンピックに出場しています。フェリックス選手はこれまで、陸上のリレー種目で何個《こ》の金メダルを獲得《かくとく》しているでしょうか？

①３個　②４個　③５個

（答えは28ページ）

2歳《さい》も年下の選手が、9秒台にあと一歩と迫《せま》る記録を……。ショックは大きかったが、手ごわいライバルの登場に奮起《ふんき》した山縣《やまがた》は、技術《ぎじゅつ》をみがきにみがいた。そして今大会の100メートルでは2大会連続となる準決勝《じゅんけっしょう》進出を果たし、自己《じこ》ベストも更新《こうしん》。エースの自覚をもって、レースに臨《のぞ》んだ。

バンッ！　号砲《ごうほう》が響《ひび》く。

強豪国《きょうごうこく》の黒人選手たちに混《ま》じって、山縣の体はしなやかに加速していく。そして山縣は1、2位を争う順位で2走の飯塚翔太《いいづかしょうた》の姿《すがた》をとらえた。バトンをパスしようと、手をのばす。

飯塚も、走り出しながら後ろに手をあげた。

だが、次の瞬間《しゅんかん》、レースを見守っていた日本の関係者たちが息をのんだ。

「あっ、バトンがとどかない！」

ねらいでは飯塚が手をあげてから3歩以内でバトンがわたるはずが、2

人の間隔《かんかく》が開いてバトンがなかなかとどかない。とても危険《きけん》なシーンだ。

だが、飯塚は加速をゆるめなかった。

「山縣は絶対《ぜったい》にバトンをわたしてくれる」

結果、7~8歩のところでバトンがわたった。十分に加速した飯塚は先頭争いを演《えん》じながら、3走の桐生《きりゅう》に向かって突《つ》っこんでいく。

飯塚は200メートルの第一人者で、185センチの体格《たいかく》をいかしたダイナミックな走りが魅力《みりょく》だ。2回目の出場となった今大会、個人《こじん》種目では持ち味が出せずに予選敗退《はいたい》したが、このリレーでは無心になり、動物のような感覚で走った。

桐生は近づいてくる飯塚の姿を確認《かくにん》すると、迷《まよ》わず走り始めた。飯塚はその桐生の左手に向かってバ

1走・山縣《やまがた》から2走・飯塚《いいづか》へバトンがわたる。みがきぬかれたアンダーハンドパスだ。

トンをのばす。このときも、ねらいより少し歩数がかかったが、しっかりとバトンはわたった。桐生《きりゅう》も、加速をゆるめることは一切《いっさい》なかった。

山縣《やまがた》とは対照的に、頭で考えるより体の感じるままにスピードに乗るタイプが桐生だ。その感覚は、気持ちの高ぶる大きな大会になるほど、とぎすまされる。

〝幻《まぼろし》の9秒87〟を記録した2015年の国際《こくさい》大会でもそうだった。桐生は爆発的《ばくはつてき》な走りで、オリンピックのメダリストたちをおさえて優勝《ゆうしょう》したのだ。追い風が強かったため公式記録にはならなかったが、世界のトップ選手たちより先にゴールしたのはまぎれもない事実だった。今大会の100メートルでは予選落ちしてしまったが、誰《だれ》もが桐生の爆発的な力を信じていた。彼《かれ》自身もそうだった。そして、そのとおりになった。

バトンを受け取った瞬間《しゅんかん》のことを桐生は覚えていない。だが、思い切り飛び出し、最高の加速ができている自分を感じていた。

25ページの答え　③ 5個《こ》

アリソン・フェリックス選手はこれまで、オリンピック4大会で、4×100mリレーで2個、4×400mリレーで3個の金メダルを獲得《かくとく》しています。2012年ロンドン大会では個人種目の200mにも優勝《ゆうしょう》し、陸上女子選手最多となる6個の金メダルを獲得しています。

「外側のヤツら、全員ぶちぬく」

桐生の頭にあったのはそれだけだった。速度がにぶりやすいカーブをまるで直線コースのような速さで突《つ》っ走《ぱし》り、ジャマイカの選手とトップを争いながら、ボルトと並《なら》んで待つアンカー・ケンブリッジ飛鳥《あすか》のもとへ……。

桐生はバトンをわたし、さけんだ。

「行けぇー！」

ケンブリッジは山縣と同じ23歳《さい》だが、大学時代にケガが多かったこともあり、100メートルの選手としては山縣や桐生に比《くら》べて目立たなかった。それが、この大会を前に急激《きゅうげき》に力をのばし、各国のエースがつとめるアンカーをまかされるまでになった。成長のかげにあったのは、あこがれの選手、ウサイン・ボルトの存在《そんざい》だ。同じ国の血をひく100メートルの選手として、いつかボルトと勝負したい。その思いでジャマイカに留学《りゅうがく》し、世界トップアスリートの練習を学んでさらに速くなったのだった。

ジャマイカのボルトと日本のケンブリッジにバトンがわたったのは、ほぼ同時だった。その直後、ケンブリッジが左手に持ったバトンと、ボルトが右手に持ちかえたバトンとが、ぶつかった。

一瞬《いっしゅん》、ケンブリッジに目を向けるボルトと、「おっ

と」というように体をのけぞらせるケンブリッジ。だがケンブリッジの集中力は乱《みだ》れなかった。

史上最高のアスリート、ボルトはぐんぐん加速していく。そこへ食らいついていくことは、さすがにできない。

最後の直線でくり広げられたのは、日本、アメリカ、カナダの3選手によるしれつな銀メダル争いだっ

ふっとぶような走りをみせた3走・桐生《きりゅう》からアンカー・ケンブリッジにバトンパス。
この時点で日本、ジャマイカ、アメリカがトップ争いを演《えん》じていた。

た。ラスト20メートルでその戦いは日本とアメリカにしぼられ、なだれこむようにフィニッシュした2選手の頭上で電光掲示盤《でんこうけいじばん》がタイムを知らせた。

「JAPAN《ジャパン》（日本）37・60　USA《ユーエスエー》（アメリカ）37・62」

※全員が9秒85以内のタイムをもつアメリカチームを、9秒台が一人もいない日本チームが破《やぶ》ったのだ。そして手に入れたのは、銀メダル。

レーンを走ってきた3走の桐生《きりゅう》がケンブリッジに飛びつく。山縣《やまがた》、飯塚《いいづか》もかけよった。喜びに満ちた4人の顔に驚《おどろ》きはない。自分たちの力を出しきり、ねらいどおりに勝ち取った最高のメダルだ。

歓声《かんせい》と拍手《はくしゅ》のなかウィニングウォークをする4人。そこに、大きな人影《ひとかげ》が近づいてきた。この日、大会3つ目の金メダルを獲得《かくとく》したボルトだ

※アメリカチームはバトンパスに違反《いはん》があったため、レース後に失格《しっかく》となった。

ケンブリッジは力強い走りで2位を守りきり、ボルトに続いてフィニッシュした。

った。ボルトは4人に手を差し出し、順に握手《あくしゅ》をかわす。ケンブリッジと目が合うと、ボルトは目もとに指を当ててニヤリと笑った。

「バトンが当たったよな?」

ケンブリッジも笑顔《えがお》を返す。

最高の舞台《ぶたい》で、〝史上最高のアスリート〟と日本最高のアスリートたちがおたがいを認《みと》め合ったひとときだった。

コラム

テニス界 96年ぶりのメダル

錦織《にしこり》 圭《けい》選手

日本がオリンピックで初めてメダルをとった競技《きょうぎ》は何か知っているだろうか。

答えはテニス。日本の2回目の参加となった1920年のアントワープ大会で、シングルスで熊谷一弥《くまがいいちや》が、ダブルスで熊谷一弥と柏尾誠一郎《かしおせいいちろう》が、それぞれ銀メダルを手にしたのが最初なのだ。1928年からテニスはオリンピック競技からはずれた。そして、1988年のソウル大会で復活《ふっかつ》してからは、

日本テニス界にオリンピックのメダルがもたらされることはなかった。

錦織圭《にしこりけい》のメダル獲得《かくとく》は、96年ぶりの快挙《かいきょ》であり、日本中をわかせることとなった。

錦織のオリンピック出場は3回目。初出場の2008年北京《ペキン》大会では、1回戦で敗退《はいたい》。当時、世界ランキングは124位だった。

2012年ロンドン大会のときは、ランキング20位以内にいた。3回戦で第4シードのフェレール（スペイン）を破《やぶ》るも、準々決勝《じゅんじゅんけっしょう》で苦手《にがて》とするデルポトロ（アルゼンチン）に敗れた。

リオデジャネイロ大会では、トップ10に入って初めての出場。メダル候補《こうほ》のひとりになっていた。4大大

会での勝利が最高のステイタスとなるテニス界には、オリンピックを軽《けい》視《し》する選手もいる。だが、錦織はオリンピックにこだわりがあった。

「マスターズや4大大会と同じぐらい大事。メダルにかける気持ちは強くある」

本気でメダルをねらいにいった錦織は、1回戦、2回戦、3回戦とすべてストレートで順調に勝ち進んだ。準々決勝ではモンフェス（フランス）を2対1で下し、ベスト4が確定《かくてい》する。しかし、準決勝《じゅんけっしょう》はロンドン大会の金メダリスト、マレー（イギリス）と対戦。安定したサーブに苦しめられ、ストレートで負けてしまう。

あとは3位決定戦で銅《どう》メダルをもぎとるしかない。相手は世界ランキング5位、4大大会優勝《ゆうしょう》14回、過去《かこ》10回戦って1勝しかしていないナダル（スペイン）だ。

錦織は第1セットを6－2で先取。つづく第2セットは5－2から5－5に追いつかれ、タイブレークにもちこむも、逆転《ぎゃくてん》の6－7でうばわれた。

気持ちを切りかえてのぞんだ第3セット。錦織は再《ふたた》び積極的なプレーで主導権《しゅどうけん》をにぎり、第4ゲームでブレークに成功。その後のサービスゲームをキープし、最後はナダルのボディーへの強烈《きょうれつ》なサーブが決まり、勝利した。2時間49分の死闘《しとう》のすえ、ついに錦織の銅メダルが確定した。

記念すべきメダルを胸《むね》にかけた表彰式《ひょうしょうしき》のあと、錦織は、

「96年ぶりという考えられない数字の中で達成できてうれしい」

「日本のためにがんばるというのはすごく心地いいし、楽しかった」

と笑顔《えがお》で語った。

写真右・96年ぶりのメダル獲得《かくとく》を決め、晴れやかな表情《ひょうじょう》を見せる錦織《にしこり》。
写真左・3位決定戦は、これまで苦手《にがて》としているナダルとの戦いとなった。

2012・2016

London.Rio de Janeiro

夏季／ロンドン大会・リオデジャネイロ大会

サッカー大国の悲《ひ》劇《げき》をふきとばした魂《たましい》のワンプレー

２０１６年8月20日、リオデジャネイロオリンピック男子サッカー決勝。因縁《いんねん》の相手ドイツとの対決となったこの試合は、延長戦《えんちょうせん》でも決着がつかず、P《ピー》K《ケー》戦《せん》までもつれこむ。ブラジル国民の期待を一身に背負《せお》って、ネイマールがステップを開始した。

サッカー／男子

ネイマール選手

２０１２年8月、ロンドンオリンピック男子サッカー決勝。終了《しゅうりょう》の笛《ふえ》が鳴り終わったピッチにすわりこみ、両手で顔をおおって号泣《ごうきゅう》している若者《わかもの》の姿《すがた》があった。彼《かれ》の名はネイマール。伝説のサッカープレーヤー・ペレの再来《さいらい》ともいわれ、世界から注目をあびているブラジルの選手だ。

サッカー大国として、ワールドカップ最多優勝《ゆうしょう》をほこるブラジルだが、オリンピックでの優勝はまだない。ここしばらくは決勝進出からも遠ざかっており、この大会のチームには歴史的偉業達成《いぎょうたっせい》の期待がかかっていたのだ。しかし、24年ぶりに進出した決勝の舞台《ぶたい》で、ブラジルはメキシコに2対1で敗れた。メキシコの選手や観客が熱狂《ねっきょう》するなか、ネイマールはだまって涙《なみだ》を流しながら、10分間にわたり芝生《しばふ》から動かなかった。

右ページ・リオデジャネイロオリンピックの決勝戦で、優勝《ゆうしょう》のかかったPK《ピーケー》をけるネイマール。

ネイマールの名前は、正確《せいかく》にはネイマール・ダ・シウヴァ・サントス・ジュニア。父親とまったく同じ名前であるため、「息子《むすこ》」をあらわす「ジュニア」がついている。かつて父親も、プロのサッカー選手として地元のクラブで活躍《かつやく》していた。ネイマール・ジュニアは、物心《ものごころ》がついたときからたくさんのサッカーボールとたわむれながら育った。彼《かれ》にとって、家の中がサッカー場だった。家の奥《おく》にあるとびらや寝室《しんしつ》がゴールだ。

「ネイマール選手、ドリブルをしかけました！」

実況《じっきょう》アナウンサーと選手の一人二役を演《えん》じながら、ろうかをドリブルしフィニッシュ！　家中をそうぞうしくかけ回るネイマールに苦笑《くしょう》しながらも、両親はそんな息子をあたたかく見守っていた。

試合を観戦しているときも、ネイマールはだまって観客席にすわってはいない。人ごみのなかでボールをコントロールして走り回りながら、選手のプレーをそっくりまねてみせる。ただ遊んでいるだけのように見えて、サッカーの技術《ぎじゅつ》を次々と身につけていたのだった。

ある日、いつものように観客席でボールとたわむれているネイマールをじっと見つめる男がいた。ベッチーニョという名のその男は、一流選手を発掘《はっくつ》する確《たし》かな目をもつスカウトとして知られていた。

「しなやかなドリブル、狭《せま》いスペースでのみごとなボールさばき、そして速さ……あの子にはすばらしい素質《そしつ》がある」

ベッチーニョは、観客席で夫のプレーを見ていたネイマールの母、ナジーネに話しかけた。

「失礼だが、あなたのお子さんはどこであんなプレーを身につけたんだ?」

ナジーネは笑ってこたえた。

「部屋の中よ」

このとき、わずか6歳《さい》。この出会いが、天才プレーヤー・ネイマールの

オリパラクイズ．5

オリンピックの女子サッカーでは、なでしこジャパンが2012年ロンドン大会で銀メダルを獲得《かくとく》しました。では、オリンピックの男子サッカーで、これまで日本の最高の順位は次のどれでしょうか?

①ベスト8　②ベスト4（4位）　③3位（銅《どう》メダル）

（答えは次のページ）

はなばなしいサッカー人生の幕開《まくあ》けとなった。

ベッチーニョが監督《かんとく》するフットサルクラブに入団《にゅうだん》したネイマールの実力は、彼《かれ》の想像《そうぞう》を超《こ》えるものだった。ネイマールはほどなくしてより大きなクラブのユース組織《そしき》に移籍《いせき》。自分よりも上の年齢《ねんれい》のチームに入り、そこでも他の子どもたちとは別格《べっかく》のプレーをした。

足元の技術《ぎじゅつ》の確《たし》かさもさることながら、見る人々を興奮《こうふん》させたのは、そのプレーの創造性《そうぞうせい》だった。ネイマールはすでにこのころ、人ごみをよけるために編《あ》み出したフェイントなど、独特《どくとく》の技術をもっていた。そして、局面を打開するためのさまざまなアイデアにも観客はうなるのだった。彼《かれ》の名がサッカー界で広まっていくのに時間はかからなかった。

2003年、ネイマールは11歳《さい》にして、ブラジルの名門クラブ・サント

39ページの答え　③ 3位（銅《どう》メダル）

1968年メキシコシティー大会でグループリーグを突破《とっぱ》した日本は、決勝トーナメントの3位決定戦で地元メキシコを2対0で破《やぶ》り、みごと銅メダルを獲得《かくとく》しました。この大会では日本のストライカー釜本邦茂《かまもとくにしげ》選手が7得点をあげ、得点王に輝《かがや》きました。

SFC《エフシー》に入団《にゅうだん》した。２年後には、世界トップのクラブチームであるスペインのレアル・マドリードから、はるか海をこえてオファーがとどく。「海外へ出るのはまだ早い」という判断《はんだん》で実現は見送られたが、早くも世界から注目される存在《そんざい》になっていたのだ。

ただ、すべてが順調に進んだわけではない。父親はネイマールがまだ赤《あか》ん坊《ぼう》だったころに事故《じこ》で重傷《じゅうしょう》を負い、プロサッカー選手として第一線に立つことができなくなってしまった。それからは、父と母が仕事をいくつもかけもちして一家をささえる日々。電気代もはらえなくなり、家中の電気が消えてしまったこともあった。ネイマールも、両親の苦労をよくわかっていた。愛するサッカーからはなれざるをえなかった父の分まで、サッカーのすばらしさを表現したい。そんな思いで、めきめきと才能《さいのう》をのばしていったのだった。

２００９年、ネイマールは17歳《さい》の若《わか》さでサントスＦＣ《エフシー》トップチームのデビューを果たすと、２０１０年からはブラジル代表のカナリア色のユニフォームに身をつつみ、国のエースとしての活躍《かつやく》が始まった。

２０１２年1月には、国内リーグ戦でみせたスーパーゴールが、全世界のプロサッカーを対象に選ばれる「※ＦＩＦＡ《フィファ》プスカシュ賞」に輝《かがや》いた。相手からボールをうばってパス交換《こうかん》ののち、ドリブルでさらに2人をぬいて放ったシュートは、ゴールキーパーとディフェンダーをすりぬけてゴールへ。ネイマールのひらめきと技術《ぎじゅつ》がつまった、まさに創造性《そうぞうせい》にあふれたプレーだった。ネイマールは19歳にして、世界のトップ選手として認《みと》められるまでになったのだ。

話を最初のシーンにもどそう。２０１２年ロンドンオリンピックは、ネ

※国際《こくさい》サッカー連盟《れんめい》（ＦＩＦＡ《フィファ》）が制定《せいてい》する賞で、最もすぐれたゴールをした選手が選ばれる。

イマールにとって初めての、国のほこりをかけた大舞台《おおぶたい》だった。そこでの敗戦は、初めての大きな挫折《ざせつ》として心に深く刻《きざ》まれた。

優勝《ゆうしょう》できなかったくやしさは、優勝することによってのみ晴らされる。ブラジルが次にねらうのは、ワールドカップのトロフィーだ。2014年ワールドカップは、64年ぶりの自国開催《かいさい》だ。64年前、ブラジルは決勝戦でウルグアイに逆転《ぎゃくてん》負けをきっし、「マラカナンの悲劇《ひげき》」として語りつがれるほど国民の心に大きな傷跡《きずあと》を残した。その後、ワールドカップで5回の優勝を経験《けいけん》したが、自国で起こった悲劇は、自国での優勝でしかぬぐい去ることはできない、というのがブラジル国民の思いだった。

優勝最有力候補《こうほ》として大会にのぞんだブラジルは、背番号《せばんごう》10を背負《せお》ったネイマールの大活躍《だいかつやく》で決勝トーナメント進出を決めた。ブラジル代表はもう完全に「ネイマールのチーム」だった。ブラジルの人々はすぐそこまで近づいた歓喜《かんき》の瞬間《しゅんかん》を確信《かくしん》して、ネイマールとチームメイトたちに声援《せいえん》をおくった。

その希望が暗転したのが、コロンビアとの準々決勝《じゅんじゅんけっしょう》だ。レフェリーが選手の危険《きけん》なファウルに対してなかなか警告《けいこく》を出さず、試合は荒《あ》れた展開《てんかい》になっていく。そして後半43分、ついに事故《じこ》は起きた。コロンビアのディフェンダーが高く上げたひざが、ネイマールの背中《せなか》に激突《げきとつ》する。芝生《しばふ》にたおれ、激痛《げきつう》に顔がゆがむ。まったく動けない彼《かれ》を、担架《たんか》がピッチの外へ運び出す。結局、準々決勝はブラジルの勝利で終わったが、「第三腰椎骨折《だいさんようついこっせつ》によるネイマールの残りの試合欠場」という重い事実が残った。

ブラジルの準決勝《じゅんけっしょう》の相手は、その大会で圧倒的《あっとうてき》な強さをみせていたドイツ。ブラジルはネイマールに加え、キャプテンも出

場停止で欠く苦しい布陣《ふじん》で立ち向かったが、終わってみれば1対7という目を疑《うたが》うような大敗だった。「マラカナンの悲劇《ひげき》」をはるかに上回るむごい結果に、ブラジル国民は絶望《ぜつぼう》した。テレビで試合を見守ることしかできなかったネイマールも、あまりの惨状《さんじょう》にたえられず、最後までテレビをつけていることができなかった。

試合後、国民からブラジル代表に対する批判《ひはん》が集中したのもしかたがない。だが、ネイマールはチームメイトをかばって言った。

「どんなに点差が開いても最後まで勝利をめざして走りぬいた仲間たちは、国の恥《はじ》なんかじゃない」

そして心の中で誓《ちか》ったのだった。

「ぼくが必ず、ブラジルを優勝《ゆうしょう》に導《みちび》いてみせる」

右ページ・2014年ワールドカップ、コロンビアとの準々決勝《じゅんじゅんけっしょう》では相手選手との激突《げきとつ》によって負傷《ふしょう》し、立ち上がることができなかった。

2016年。ブラジルに再《ふたた》び大舞台《おおぶたい》がめぐってきた。リオデジャネイロオリンピックだ。ワールドカップとちがって23歳《さい》以下という年齢制限《ねんれいせいげん》のある大会に、※オーバーエイジ枠《わく》で入った24歳のネイマールの姿《すがた》があった。ブラジルはネイマールを中心に次々と相手チームを破《やぶ》り、決勝戦へとたどりついた。

決勝の相手はドイツ。2年前のワールドカップでブラジルを悪夢《あくむ》に突《つ》き落とした、因縁《いんねん》の相手だ。決勝戦の舞台《ぶたい》は、マラカナン競技場《きょうぎじょう》。66年前に悲劇《ひげき》がくり広げられた場所である。

前半27分、先制点《せんせいてん》を決めたのはブラジルのネイマール。後半14分にドイツが追いつく。両者一歩もひかない戦いぶりで、延長戦《えんちょうせん》でも決着がつかず、勝負はPK戦《ピーケーせん》へともつれこんだ。

先攻《せんこう》はドイツ。1人目、両チーム成功。2人目、両チーム成功。エース・ネイマールはまだ動かない。どんどん緊張感《きんちょうかん》が高まっていくなか、4

リオデジャネイロオリンピック、因縁《いんねん》の相手ドイツとの決勝戦。空中で相手選手と競《せ》り合うネイマール。

※1チーム3人まで年齢制限《ねんれいせいげん》をこえた選手の参加が認《みと》められている。

人目の選手までがすべてPK《ピーケー》を成功で終えた。そして5人目……ドイツの選手がけったボールを、ブラジルのゴールキーパーが防《ふせ》いだ！　はじかれたように飛び上がり、喜びをあらわにするブラジル選手たち。会場も一気にわきたつ。そんななか、ブラジルの5人目のキッカー、ネイマールがゆっくりとペナルティマークへと歩を進め、ボールをセットした。

ネットをゆらすことができたら、それは自国開催《かいさい》で何度も絶望《ぜつぼう》を味わってきたブラジルサッカー雪辱《せつじょく》の瞬間《しゅんかん》だ。ポーカーフェイスから表情《ひょうじょう》は読み取れないが、このときの彼《かれ》の思いは、どんなものだっただろう。

小さくフェイントを入れたステップに、ゴールキーパーは気を取られた。右足から放たれたボールは、キーパーの逆《ぎゃく》——ゴール右すみに突《つ》きささった。

ネイマールの顔がくしゃくしゃにゆがんだ。マラカナン競技場《きょうぎじょう》のピッチで、観客席で、カナリア色が爆発《ばくはつ》した。両手を広げて走り出したネイマールは、涙《なみだ》でぬれた顔を両手でおおってピッチにくずれおち、ひたいを芝生《しばふ》におしつける。その上に、同じように泣き顔の仲間たちがおおいかぶさっていく。

それは4年前のロンドンでの光景と少し似《に》ているようで、まったくちがっていた。

ネイマールは最後のPK《ピーケー》を成功させるとピッチにくずれ落ちた。計り知れないほどの重圧《じゅうあつ》から開放された瞬間《しゅんかん》だった。

2008・2012・2016

Beijing.London.Rio de Janeiro

夏季／北京《ペキン》大会・ロンドン大会・リオデジャネイロ大会

武《む》者《しゃ》修《しゅ》行《ぎょう》が生んだ アジア初のメダル

銅《どう》メダルが決まった瞬間《しゅんかん》、羽根田卓也《はねだたくや》はカヌーに乗ったまま手で顔をおおい、人目をはばからず声を出して泣いた。その涙《なみだ》には、さまざまな感情《かんじょう》がこめられていた。

カヌー／スラローム男子カナディアンシングル

羽根田卓也《はねだたくや》選手

リオデジャネイロオリンピック、大会5日目。

思いがけないうれしいニュースが飛びこんできた。

カヌーのスラローム※男子カナディアンシングルで、羽根田卓也《はねだたくや》が3位に入り、銅《どう》メダルを獲得《かくとく》したという。カヌー競技《きょうぎ》でのメダルは日本初。スラロームではアジア初という快挙《かいきょ》だった。

日本人がカヌーでメダルをとるなんて、誰《だれ》が予想しただろう。この競技に日本は特別力を入れてはいないし、競技人口も少ないはずだ。

しかし、羽根田は18歳《さい》のときから、オリンピックでの金メダルを目標にしていた。高校卒業後、カヌーの強豪国《きょうごうこく》スロバキアにひとりでわたり、10年間修行《しゅぎょう》を続けてきたのだ。


羽根田がカヌーの道に入ったのは9歳のとき。カヌーの選手だった父に

右ページ・号泣《ごうきゅう》する羽根田《はねだ》の周りにライバルたちが次々に集まり、羽根田のメダル獲得《かくとく》を祝福《しゅくふく》した。

※オリンピックで実施《じっし》されるカヌー競技《きょうぎ》には、急流を下る「スラローム」と、流れのないコースでタイムを競《きそ》う「スプリント」がある。また、それぞれパドル（水をこぐ道具）などのちがいにより、「カナディアン」と「カヤック」の種目に分かれる。

なかば強制的《きょうせいてき》にすすめられたのだった。

初めは激流《げきりゅう》の中をこぎ進むのがこわかった。水の冷たい冬にも練習させられる。いやでいやでしかたがなかった。

「アイスを買ってあげるから」

「スノボの板を買ってあげるから」

父のあまい言葉につられて、なんとか続けていた。

「できることならカヌーなんてやめたい」と思っていた羽根田《はねだ》の気持ちが変わったのは中学3年のときだった。ポーランドで行われたジュニアの国際《こくさい》大会に出場し、国内では強かった羽根田も42位と打ちのめされる。世界のトップレベルは、羽根田にとって別次元だった。

「こんなに速くこぐことができるんだ」

「こんなに強い選手がたくさんいるんだ」

海外の選手たちの圧倒的《あっとうてき》な強さに衝撃《しょうげき》を受けて意識《いしき》が大きく変わり、真《しん》剣《けん》に練習に取り組む決意をした。

高校はカヌーの強い愛知《あいち》県の名鉄学園《めいてつがくえん》杜若《とじゃく》高校に進学。すぐにカヌー部に入り、どうすれば世界と戦えるかだけを考え、毎日練習にはげんだ。

急流で行うスラロームは危険性《きけんせい》が高いため、日本では高校の競技《きょうぎ》種目ではない。カヌーが強い高校といっても、スラロームをやっていたのは羽根田だけ。練習もひとりで行っていた。

朝6時に家を出て、自転車で40分かけてカヌー練習場に行き、1時間の朝練。その後スクールバスで10キロはなれた高校に向かう。羽根田のために、バス停のない練習場までスクールバスがむかえにきてくれるのだ。昼休みは校庭でけんすい。放課後は再《ふたた》びスクールバスで練習場に向かい、帰《き》宅《たく》は夜10時。

平日の練習場は流れがおだやかなスプリント用の施設《しせつ》だったので、週末

オリパラクイズ.6

オリンピックでは水路で行われる競技《きょうぎ》として、カヌー競技のほかにボート競技も行われています。次のうち、カヌーとボートの違《ちが》いはどれでしょうか？

①船体の長さ　②乗れる人数　③進行方向

（答えは次のページ）

には家からはなれた急流でトレーニング。それをくり返した。猛練習《もうれんしゅう》が実を結び、高校3年のときに、シニアの日本選手権《せんしゅけん》で優勝《ゆうしょう》を果たす。すでに国内では敵《てき》なしになっていた。

目標としていたのは、世界で結果を出すことだった。

高3の最後、スロベニアで行われたプレジュニア世界選手権で、なんと予選を1位通過《つうか》。ところが決勝では6位と惨敗《ざんぱい》し、くやしい思いをした。世界で戦える手ごたえを感じながら、一方でこのまま日本にいても勝てないと思い知らされた。

日本には人工のスラロームコースがひとつもない。自然のコースでは変化がとぼしく、流れの入りくんだコースをこぎ進む高度な技術《ぎじゅつ》がなかなか身につかないのだ。野球にたとえると、「グラウンドで練習をせず、壁《かべ》にボールを当てて練習をしているようなものだ」と羽根田《はねだ》は言う。

53ページの答え　③進行方向

こぎ手から見て、カヌーは前方に進むのに対し、ボートは後方に進みます。また、ボートをこぐためのオールは船体に固定《こてい》されていますが、カヌーをこぐためのパドルは船体に固定されていません。

遠征先《えんせいさき》から父親に手紙を書いた。

「卒業したらヨーロッパに行かせてほしい。メダルを必ず首にかけます」

初めは日本人を指導《しどう》するコーチのいるチェコのプラハを希望した。

けれど父親の言葉は、

「日本人のいない国へ行け。もまれて強くなれ」

あえてきびしい環境《かんきょう》の、カヌー強国スロバキアをすすめてきたのだ。

スロバキアにはあこがれのミハル・マルティカンもいる。※1996年アトランタ大会で金メダル、2000年シドニー大会と2004年アテネ大会で銀メダルを獲得《かくとく》したカヌー界の英雄《えいゆう》だ。彼《かれ》のいるスロバキアならと、羽根田の心も決まった。スロバキアに着くと、早速《さっそく》トレーニングを受けたいコーチに連絡し、指導するクラブチームに合流させてもらった。

練習環境は日本と大きく違《ちが》った。なによりスロバキアでは、みなつねに

※マルティカンは、のちに2008年北京《ペキン》大会でも金メダルに輝《かがや》いている。

人工のコースで練習している。コーチもいるし、レベルの高いライバルもいる。だが、頼《たよ》れる人はいない。かたことの英語も通じない。

現地の言葉を覚えたほうが早いと、必死でスロバキア語を学んだ。最初は聞いた単語をメモして、少しずつ覚えていった。できるだけ自分から話しかけ、スロバキア人どうしの会話にも耳をかたむけるようにした。1年ほどで不自由なくしゃべれるようになっていた。

やがてあのミハル・マルティカンがいっしょに練習してくれるようになった。金メダリストなのに誰《だれ》よりも早くから練習し、誰よりも遅《おそ》くまで練習している。マルティカンのつねに努力をおこたらない姿勢《しせい》に大きな影響《えいきょう》を受け、羽根田《はねだ》も根気強く練習に向き合うようになっていった。トレーニングや調整方法も彼《かれ》から学んだ。

2008年北京《ペキン》。

左ページ・初出場の2008年北京《ペキン》大会では予選落ち。オリンピックに出場することで精一杯《せいいっぱい》だった。

18歳《さい》でスロバキアにわたって2年と数か月。

21歳で羽根田は初のオリンピックに出場した。結果は予選14位敗退《はいたい》。ムードにのまれていた。代表になることが目標になっていた。出場が決まった時点で、自分の中でのオリンピックが終わってしまっていたのだ。

その年に、カヌーの名門、スロバキアのコメニウス大学体育学部に入学。勉学とトレーニングを両立させる生活が始まった。

そして4年後のロンドンオリンピック。

今度は決勝の8人に残るというノルマを自分に課した。

予選は3位、準決勝《じゅんけっしょう》は6位で通過《つうか》。

決勝ではミスをしたが、かろうじて７位に入賞。

カヌー競技《きょうぎ》での入賞は日本初。決勝進出という目標も達成したが、初めから「メダルにはとどかないのでは」という意識《いしき》がどこかにあった。「その気のゆるみが決勝のミスにつながった」と羽根田《はねだ》は言う。

カヌーを海外で修行《しゅぎょう》するにはお金がかかる。資金《しきん》はすべて父親がサポートしてくれた。アルバイトも経験したが、たいした足しにはならない。父からは「アルバイトするくらいなら練習しろ」と言われた。

そんな羽根田も、２０１３年にはひとり立ちしなくてはならないことになり、スポンサー企業《きぎょう》を探《さが》し始めた。

だが、日本がひとつもメダルをとったことがないマイナー競技に、支援《しえん》してくれる会社はなかなか見つからない。履歴書《りれきしょ》や手紙を10社以上に送るが門前ばらいが続く。資金が足りず、海外合宿に参加できないこともあった。

結局、ミキハウスが手をさしのべてくれた。

２０１６年。リオデジャネイロ大会の本番の日をむかえた。

今回のノルマは、ずばりメダルだ。

北京《ペキン》大会とロンドン大会では、流れが強く変化にとぼしいコースだった。

一方、今回のコースは流れがゆるやかで複雑《ふくざつ》。体力より繊細《せんさい》な技術力《ぎじゅつりょく》が武器の「自分に向いている」と羽根田は思った。実際、前の年に行われたテスト大会で、同じコースで２位に入り、大きな自信を得ていた。

「メダル争いに加われるところまできた」

「自分の力を出せれば戦える」

予選は５位、準決勝《じゅんけっしょう》は６位で通過《つうか》。

オリパラクイズ. 7

1964年の東京《とうきょう》大会当時、オリンピックのカヌー競技《きょうぎ》はスプリント種目だけが行われていました。この大会でカヌー競技の会場になったのはどこでしょうか？

① 相模湖《さがみこ》（神奈川《かながわ》県）　② 印旛沼《いんばぬま》（千葉《ちば》県）　③ 戸田競艇場《とだきょうていじょう》（埼玉《さいたま》県）

（答えは62ページ）

決勝の10人は、誰《だれ》がメダルをとってもおかしくないメンバーだった。

5番手の羽根田《はねだ》の番がきた。

無心に力強くこぎ出す。うまくスピードに乗り、巧《たく》みなパドルさばきでゲートぎりぎりを攻《せ》め続ける。終盤《しゅうばん》、少し体勢《たいせい》をくずしたが、持ち前のバランス感覚で立て直しゴール。準決勝《じゅんけっしょう》に続いて、24※か所のゲートにひとつも接触《せっしょく》せずノーミスだった。タイムも上げた。

この時点で2位となる。ただし1位との差は大きく、まだまだ安心はできない。羽根田はカヌーに乗ったまま電光掲示盤《でんこうけいじばん》を見つめ、残りの選手たちのレースを待つ。

※ゲートにふれると5秒、ゲートを通過《つうか》できないと30秒が、ペナルティーとしてタイムに加算される。

パドルを巧《たく》みに操作《そうさ》し、激流《げきりゅう》を下る羽根田《はねだ》。ノーミスでゴールした。

続く2人が失敗。8番手のフランスの選手がトップのタイムでゴール。この時点で羽根田《はねだ》は3位に落ちた。残るは2人。心臓《しんぞう》がバクバクしてくる。あとは祈《いの》るだけだ。

9番手の選手は大きなミスをして脱落《だつらく》。最後のドイツの選手もゲートに接触《せっしょく》してゴール。電光掲示盤《でんこうけいじばん》の羽根田の名前の横に「3」が表示された。羽根田の銅《どう》メダルが確定《かくてい》した。その瞬間《しゅんかん》、涙《なみだ》があふれ出てきた。手で顔をおおい、声を出して泣いた。涙をおさえることができない。

スロバキアにわたってから10年、長い長い道のりだった。スポンサーのつくヨーロッパ勢《ぜい》とは違《ちが》い、カヌーやパドルも自費で買った。すべての苦労が報《むく》われた。支《ささ》え続けてくれた父との約束もついに果たせた。コーチや、多くの人たちへの感謝《かんしゃ》の気持ちもわき起こってくる。

ヨーロッパで顔なじみのライバルたちが次々と寄《よ》ってきては「おめでとう」と肩《かた》や背中《せなか》をたたいてくれたことで、ようやく顔がほころんだ。羽根

59ページの答え　①相模湖《さがみこ》（神奈川《かながわ》県）

1964年東京《とうきょう》大会のカヌー競技《きょうぎ》は神奈川県の相模湖で行われ、ボート競技が埼玉《さいたま》県の戸田競艇場《とだきょうていじょう》で行われました。2020年東京大会のカヌー競技とボート競技は、東京ベイゾーン（東京湾《とうきょうわん》周辺地区）に新設《しんせつ》される会場で行われます。

田の長年の努力や、日本人がメダルを取った重みを知っている選手たちだ。

表彰台《ひょうしょうだい》に上り、応援席《おうえんせき》に向けて大きく両手を突《つ》き上げた。

「アジア人で初のメダルという快挙《かいきょ》をなしとげることができ、ほこらしい気持ち」

「18歳《さい》で海をわたってから、この日を何回も夢《ゆめ》に見てきた」

目標を達成した羽根田だが、彼《かれ》の挑戦《ちょうせん》はまだ終わらない。

「東京《とうきょう》大会では金メダルを期待される選手になりたい」

より輝《かがや》く栄光に向けて、いまもスロバキアを拠点《きょてん》にトレーニングにはげんでいる。

2020年東京《とうきょう》大会では、さらに上のメダルをめざす決意だ。

2004・2008・2012・2016

Athens.Beijing.London.Rio de Janeiro

夏季／アテネ大会・北京《ペキン》大会・ロンドン大会・リオデジャネイロ大会

史上最高のアスリートの「ラストダンス」

圧倒的《あっとうてき》な走りと
天に向かって弓を引くようなポーズで、
世界中から注目を集めるウサイン・ボルト。
オリンピック３大会連続短距離《たんきょり》２冠《かん》をめざした
２０１６年リオデジャネイロ大会は、
人には決して見せない困難《こんなん》との戦いでもあった。

陸上／男子100m・200m・4×100mリレー

ウサイン・ボルト選手

１９９０年代なかば、カリブ海に浮《う》かぶ島国ジャマイカの小さな村に、とても背《せ》が高く、すごく足の速い小学生がいた。その小学生は数々の短距《たんきょ》離《り》レースでトロフィーをさらっていくくせに、将来の夢《ゆめ》はクリケットの選手だという。父親の目をぬすんでちょこちょこ悪さをする、少し困《こま》った子どもでもあった。彼《かれ》の名前はウサイン・ボルトだ。

「家からはなれるな」と息子《むすこ》に言いおいて父親が車で仕事に出かけると、ウサインはさっさと友だちの家へ遊びに行く。夕方になって父親の車の音が聞こえてくると、全速力で家に帰り、なにくわぬ顔で「おかえり！」と父親をむかえる。たまに悪さがばれて大目玉をくらうこともあった。しかし、「どんな相手にも礼儀《れいぎ》正しく誠意《せいい》をもってかかわる」という父親の教えは素直《すなお》に守り、ウサインは育っていった。

短距離の名選手を生む国として知られるジャマイカでは、才能《さいのう》のある少

右ページ・天に向かって弓を引くおなじみのポーズを見せるボルト（2016年リオデジャネイロ大会）。

年は早いうちから本格的《ほんかくてき》な指導《しどう》を受ける。クリケット選手への夢《ゆめ》を捨《す》てきれずにいたウサインを決心させたのは、学校の先生の言葉だった。

「ウサイン、クリケットはチームスポーツだから、おまえのプレーだけではどうにもならないこともある。でも陸上は、すべておまえしだいなんだよ。すべて自分の責任《せきにん》で結果を出すものなんだ」

すべては自分しだい……。どこまで行けるか、やってみよう！

ウサインの陸上競技《きょうぎ》人生が始まった。

2002年、20歳《さい》未満の選手にとって最高峰《さいこうほう》の大会、世界ジュニア選手権《せんしゅけん》の200メートルに、15歳の若《わか》さで出場した。ライバルはみな年上、しかも世界トップレベルの実力者たちだ。ここまで連戦連勝で自信満々だったウサインも大会前には気おくれし、「負けるくらいなら出ない！」と周りを困《こま》らせた。開催地《かいさいち》は地元・ジャマイカ。国民の期待ものしかかり、重圧《じゅうあつ》におしつぶされそうになっていた。

　大会当日、おっかなびっくり競技場のトラックに出たウサインは、自分の名前を連呼《れんこ》する大歓声《だいかんせい》にきもをつぶした。

「このさわぎは何だ？　おれはここで何をやってるんだ？」

　わけがわからなくなってレーンにすわりこみ、ウォームアップするほかの選手たちをぼうぜんとながめるばかり。気を取り直してシューズをはこうとしたが、なぜか、かかとが入らない。しばらくしてから、左右反対にはこうとしていたことにやっと気づいた。

　レースのスタート前、ウサインの緊張《きんちょう》は最高潮《さいこうちょう》に達した。

「バンッ！」

　号砲《ごうほう》が鳴った瞬間《しゅんかん》、全身が固まってしまい、足が前に出ない。

「まずい、完全にビリだ……」

　だがやっと飛び出したそのとき、ウサインの中で何かのスイッチが入っ

オリパラクイズ. 8

オリンピックの陸上男子100mで、初めて「10秒の壁《かべ》」を破《やぶ》って金メダルを獲得《かくとく》したアメリカの選手は誰《だれ》でしょうか？

①ジェシー・オーエンス選手（1936年ベルリン大会）
②ジム・ハインズ選手（1968年メキシコシティー大会）
③カール・ルイス選手（1984年ロサンゼルス大会）

（答えは次のページ）

た。後ろから背中《せなか》をおされているかのような身軽さで、ほかの選手をぐんぐん追いぬいていく。そのままフィニッシュしたウサインは、世界ジュニア選手権《せんしゅけん》史上、最年少での優勝《ゆうしょう》を手にしていた。興奮《こうふん》のなか、無意識《むいしき》に観客に向かって敬礼《けいれい》をすると、観客も大歓声《だいかんせい》で彼《かれ》にこたえる。

ウサインはこのとき、走りの感覚、そしてチャンピオンとしての観衆《かんしゅう》との向き合い方を身をもって体験した。のちにオリンピック短距離《たんきょり》2種目で3連覇《れんぱ》をなしとげ「史上最高のアスリート」と呼《よ》ばれることになる大スター、ウサイン・ボルト誕生《たんじょう》の瞬間《しゅんかん》だ。

しかし、そこからのボルトの道のりは決して楽ではなかった。きびしいトレーニングのせいか、毎朝彼《かれ》をおそう起きるのもつらいほどの疲労《ひろう》、背中やハムストリング（太もも裏《うら》の筋肉《きんにく》）のちぎれるような痛《いた》み……。つ

67ページの答え　②ジム・ハインズ選手（1968年メキシコシティー大会）

1968年メキシコシティー大会で、アメリカのジム・ハインズ選手が「10秒の壁《かべ》」を破《やぶ》る９秒95の世界新記録（当時）で金メダルを獲得《かくとく》しました。この大会は空気のうすい高地で行われたため、短距離《たんきょり》種目や跳躍《ちょうやく》種目で世界新記録が続出しました。

いには、体のさまざまな部分を故障《こしょう》して思うように練習もできなくなってしまった。そこでわかったのが、彼の体には※脊椎側弯症《せきついそくわんしょう》という障《しょう》がいがあるというショッキングな事実だった。身長190センチ以上ある彼の体格《たいかく》は、スタートに時間がかかりがちであったり、カーブを走るときに大きな負荷《ふか》がかかったりするため、短距離走に向いているとはいえない。不利を克服《こくふく》するために練習を重ねるなかで、脊椎にさらに負担《ふたん》がかかり、症状《しょうじょう》が深刻《しんこく》化《か》していたのだ。

17歳《さい》で初出場した2004年のアテネオリンピックは、一次予選も突破《とっぱ》できずに終わった。これはボルトのコンディションを考えればしかたのないことだったが、メダルを期待していたメディアや国民は「プレッシャーに弱い」「夜遊びをしていたせいだ」などとボルトを責《せ》めた。彼が障がいと戦っていることを知っていたのは、ほんの少数の人たちだけだった。そ

※脊椎《せきつい》(背骨《せぼね》)が横に曲がる障《しょう》がい

オリパラクイズ.9

2008年の北京《ペキン》大会以降《いこう》、オリンピックや世界陸上で勝ち続けたボルト選手ですが、2011年に韓国《かんこく》で行われた世界陸上の100mでは金メダルをとることができませんでした。このときの結果はどうだったでしょうか？

①銀メダル　②銅《どう》メダル　③失格《しっかく》

(答えは74ページ)

れでも、ボルトはメディアに対して不平を言うことはない。

「おれが世界ナンバーワンになれる強い選手だってことを証明《しょうめい》してやる。すべては自分しだいだ」

ボルトは胸《むね》のうちで激《はげ》しい闘志《とうし》をもやした。

それからのボルトは、ひっきりなしに起こる故障《こしょう》やケガとつきあいながら、勝てる体をつくるためのトレーニングにはげんだ。

４年が経《た》った２００８年。21歳《さい》のボルトは、100メートルの世界記録保持者《ほじしゃ》として北京《ペキン》オリンピックに姿《すがた》をあらわした。そして、100メートル、200メートルの２種目で世界新記録をたたき出すとともに、２位以下を大きく引

きはなす驚異《きょうい》的《てき》な走りで、世界に熱狂《ねっきょう》の渦《うず》を巻《ま》き起こしたのだ。天に向けて弓を引くような独特《どくとく》のポーズも、世界中でブームになった。

ボルトはその後、世界の誰《だれ》も並《なら》ぶものがいない強さを発揮《はっき》する。翌《よく》年《ねん》の世界陸上では、100メートルで人類初の9秒5台となる9秒58、200メートルでも自身の世界記録を更新《こうしん》する19秒19で優勝《ゆうしょう》。

2012年ロンドンオリンピックでは、大会前にコンディションを落としていたにもかかわらず100メートル、200メートル、4×100メートルリレーの3種目で金メダルに輝《かがや》いた。

レース前に神経質《しんけいしつ》になったり極度の集中状態《じょうたい》に入ったりしているライバルたちをしり目に、観客に向かっておどけてみせる茶目っ気も、ボルトの人気を高めた。レゲエのリズムを体できざん

右ページ・2008年北京《ペキン》大会100m決勝。最後は両手を広げて流しながら9秒69の世界新記録（当時）で圧勝《あっしょう》した。

左・陽気なパフォーマンスもボルトの人気を高めている。

だり、まゆをぴくぴく動かしてみたり……。そんな余裕《よゆう》を見せつけながらも、レースではぶっちぎりで世界一になるボルトの実力に、観客は舌《した》を巻《ま》く。

ロンドン大会では、レース以外のあるシーンが話題になった。競技場《きょうぎじょう》でインタビューを受けていたとき、別の種目の表彰《ひょうしょう》式《しき》がフィールド上で始まり、アメリカ国歌が流れ始めた。インタビュアーはそれにかまわずに質問を続けようとしたが、ボルトは静《しず》かにそれを制《せい》し、国歌に耳を傾《かたむ》ける。そして演奏《えんそう》が終わると、何事もなかったかのように質問への受け答えを再開《さいかい》した。

何気ないシーンだが、すべてのアスリートに敬意《けいい》を表《ひょう》し、礼儀《れいぎ》を欠かさないボルトの人間性《にんげんせい》に、みな魅了《みりょう》されていた。

そんな活躍《かつやく》の間にも、ボルトは次々とおそってくるケガや不調と戦っていた。どれだけ力がぬきんでていようと、ケガをして練習からはなれ、リハビリに専念《せんねん》しなければならないときには不安になる。また、20代後半になると年齢《ねんれい》によるおとろえが始まり、若く有望なライバルも出現する。ライバルたちの目標はただひとつ、〝打倒《だとう》・ボルト〟だ。

だが、ボルトは悩《なや》みや不安を周りには決して見せず、「人びとを楽しませる陽気なスター」であり続けた。

「世界のトップにい続けることはすばらしくすてきなことだ。でも、そのために、おれはたくさんの犠牲《ぎせい》をはらってきた。吐《は》くまでやる練習も、リ

2012年ロンドン大会100m決勝。ボルトは９秒63のオリンピック新記録で２連覇《れんぱ》を達成した。

ハビリもつらい。これ以上がんばる意味は何なんだろう？」

ボルトが気晴らしに遊びに出かけようとすれば、大勢《おおぜい》の人々に取り囲まれる。誠実《せいじつ》な彼《かれ》はファンサービスに追われ、心から楽しむことができない。その結果、めったに街にも出なくなり、ひとりで不安と戦う日々をだまって過《す》ごすのだった。苦労のせいか、髪《かみ》には20代にして白髪《しらが》が混《ま》じるようになっていた。友人やコーチだけが、ボルトの孤独《こどく》な戦いを見守った。彼らの目には、ボルトはときに声にならない悲鳴を上げているようにも見えていた。

2016年夏。リオデジャネイロで、金メダル最有力候補《こうほ》のボルトはメディアの取材攻勢《こうせい》にあっていた。

「調子はどう？」「負ける不安は？」「3連覇《れんぱ》の自信は？」「今、何にうん

69ページの答え　③失格《しっかく》

ボルト選手は100m決勝のスタートでフライングをおかし、失格となってしまいました。その直後は落ちこんでいたボルト選手ですが、そのあとに行われた200mと4×100mリレーではしっかりと金メダルを獲得《かくとく》し、実力をみせつけました。

ざりしている?」……延々《えんえん》とくり返される同じような質問に辛抱強《しんぼうづよ》く笑顔《えがお》で答え、おなじみのポーズをしてみせる日々。ライバル選手たちは口々に「ボルトに勝つ!」とさけんでいる。

8月14日、100メートル決勝の舞台《ぶたい》が幕《まく》を開けた。

「これが最後のオリンピック。金メダルを守ること、それがおれのすべてだ」

決意を胸《むね》に、彼は競技場《きょうぎじょう》に姿《すがた》をあらわす。観客の大声援《だいせいえん》に全身でこたえ、陽気な笑顔を振《ふ》りまく〝いつもどおり〟のウサイン・ボルトとして。

レースが始まった。号砲《ごうほう》とともにその大きな体を起こし、ぐんぐん加速する。斜《なな》め上を見上げ、親指で自分を指しながらフィニッシュしたボルトは、テレビカメラに向かってさけんだ。

「おれが1位だ!　覚えておいてくれ!」

4日後の200メートル決勝。誰《だれ》よりも速くかけぬけたボルトが見せたおなじみのポーズに、観客は総立《そうだ》ちになって歓声《かんせい》をおくった。

大会最終日の4×100メートルリレーでは、最強のライバルに成長した若《わか》い後輩《こうはい》たちとバトンをつなぎ、アンカーとしてチームを金メダルに導《みちび》いた。

3つのオリンピックを終えて、初めてボルトは言った。

「おれは世界一になりたい一心でものすごい努力をしてきた。周りからは簡単《かんたん》そうに見えたかもしれない。でも、みんなが思うほど簡単じゃなかったんだよ」

決して弱音をはかず、つねに観客との会話を楽しみながら、最高の陸上選手として名を残すためにすべてを捧《ささ》げたボルトの長い旅が終わった。

いつか、ボルトより速く走る選手が現れるかもしれない。だが世界は彼《かれ》を忘《わす》れない。なぜなら、人々に心から「こうなりたい」と思わせる、人間としての強さと大きさを最後まで示《しめ》し続けたから。

左ページ・2016年リオデジャネイロ大会で100m3連覇《れんぱ》を達成し笑顔《えがお》で観客にこたえるボルト。自身にとって最後のオリンピックになることを明言していた。

JAMAICA
Rio2016
BOLT

コラム

涙《なみだ》で輝《かがや》く有終の銀メダル

吉田沙保里《よしださおり》選手

リオデジャネイロ大会の女子レスリング53キロ級の戦いが終了《しゅうりょう》したあと、人目もはばからず大声で泣いている選手がいた。会場のテレビカメラの多くは、敗れたその選手の姿《すがた》を追った。

「ごめんなさい。本当にごめんなさい」

うわごとのようにくり返しながら、家族にだきかかえられると言葉をしぼりだした。

「お父さんに怒《おこ》られる……」

「すばらしい戦いでした」とマイクを向けられると、泣き顔のままでまたあやまった。

「日本選手団《せんしゅだん》の主将《しゅしょう》として金メダルを取らないといけないところだったのに、ごめんなさい」

吉田沙保里《よしださおり》、アテネ・北京《ペキン》・ロンドンと3連覇《れんぱ》し「霊《れい》長類《ちょうるい》最強」とうたわれた女王は、あと1歩で4連覇に手がとどかなかった。決勝戦では10歳《さい》近く年下の選手にポイントを先行され、2年前に亡《な》くなった父とともにみがきをかけた「世界最強のタックル」を封《ふう》じられて力を発揮《はっき》できなかった。それが、リオにおける女王の最後の試合だった。

観客席でも、後輩《こうはい》が泣いていた。前日に金メダルを獲得《かくとく》した48キロ級の登《とう》坂絵莉《さかえり》だ。同じく金メダルに輝《かがや》いた69

キロ級の土性沙羅《どしょうさら》も、これから63キロ級の決勝を戦う川井梨紗子《かわいりさこ》も、みな吉田にあこがれてレスリング人生を歩んできた選手たちだ。彼女《かのじょ》らにとって、吉田は女子レスリング界の頂点《ちょうてん》に立つ偉大《いだい》な選手であるだけでなく、苦しい練習でも真っ先に声を出してはげましてくれる、身近で頼《たの》もしい先輩《せんぱい》でもあった。吉田のように強くなりたい。吉田に追いついていっしょに金メダルをとりたい。その夢《ゆめ》に向かって努力を重ねてきたのが、今大会をともに戦う後輩たちだった。

「自分が金メダルをとって、恩返《おんがえ》しをするんだ」

吉田の戦いのあとに決勝をひかえていた川井梨紗子は、決意をより強くした。そして、金メダリストになった。

その結果、今大会の女子レスリング6階級《かいきゅう》中、4階級で金メダルがそろった。銀メダルは吉田ひとり。だが、吉田の今大会での功績《こうせき》が銀メダル1つ分にすぎないとは、誰《だれ》が思うだろうか。

試合直後、泣きじゃくる吉田に家族が語りかけた。

「泣かなくてだいじょうぶ。ここまで連れてきてくれてありがとう」

吉田がオリンピックの舞台《ぶたい》に連れてきたのは、家族だけではない。吉田の背中《せなか》を見て育った後輩たちとその家族、そして、レスリングを志《こころざ》すたくさんの若者《わかもの》もそのあとに続いていくはずだ。

写真右・インタビューにしぼりだすような声で応じる吉田《よしだ》。
写真左・試合終了《しゅうりょう》直後、吉田はマットから立ち上がることができなかった。

2012・2016

London.Rio de Janeiro

夏季／ロンドン大会・リオデジャネイロ大会

表《ひょう》彰《しょう》台《だい》の上の非《ひ》情《じょう》な運命

優勝《ゆうしょう》した萩野公介《はぎのこうすけ》とともに、
3位の表彰台《ひょうしょうだい》で
さわやかな笑顔《えがお》をみせる瀬戸大也《せとだいや》。
二人の心中にある思いは……。
幼《おさな》いころから
競《きそ》い合い、高め合ってきた
ライバルの関係は、
これからも続いていく。

競泳／男子400m 個人《こじん》メドレー

萩野公介《はぎのこうすけ》選手と瀬戸大也《せとだいや》選手

2012年ロンドンオリンピック競泳男子400メートル個人《こじん》メドレーの決勝が始まった。萩野公介《はぎのこうすけ》は4レーン。8レーンにアメリカのスーパースター、マイケル・フェルプスがいた。1レーンには同じ日本選手の堀畑裕也《ほりはたゆうや》。そして、アメリカのもう一人の強豪《きょうごう》選手ライアン・ロクテは、萩野のとなりの3レーンにいる。ロクテは金メダル候補《こうほ》だ。

一人でバタフライ、背泳《せおよ》ぎ、平泳ぎ、自由形（クロール）の順に泳ぐ個人メドレーは、萩野がもっとも得意とする種目だ。予選3組では、日本新記録を出してトップでフィニッシュしている。

スタートの電子音が鳴ると、観客席にいた日本競泳チームから、萩野と堀畑を応援《おうえん》する大きな声が響《ひび》く。

トップでフィニッシュしたのはロクテだった。次にきたのは萩野とブラジルのティアゴ・ペレイラ。フィニッシュはほぼ同時に見えた。表示は2位がペレイラで3位が萩野。タイムは100分の8秒差しかなかった。水の怪《かい》

右ページ・2016年リオデジャネイロ大会400m個人《こじん》メドレーの表彰式《ひょうしょうしき》で笑顔《えがお》を見せる金メダルの萩野《はぎの》（右）と銅《どう》メダルの瀬戸《せと》（左）。

物《ぶつ》マイケル・フェルプスは4位だった。

このとき、17歳《さい》の萩野《はぎの》公介《こうすけ》は初めてのオリンピックでメダルを獲得《かくとく》した。２０１２年7月28日、競泳の初日。この萩野のメダルをきっかけにして、日本競泳チームは銀3個《こ》、銅《どう》8個、合計11個ものメダルを量産したのだった。だが、萩野が小さいころから競《きそ》い合い、将来《しょうらい》も競うことになる〝よきライバル〟はここにいなかった。

ロンドンオリンピックの代表選考は、２０１２年4月2日の日本選手権《せんしゅけん》で行われた。このとき、萩野より速い自己《じこ》ベストをもつ選手がいた。瀬戸大也《せとだいや》である。

１９９４年生まれ、同じ年齢《ねんれい》の萩野と瀬戸は、小さいころからのライバ

ルどうしだった。小学3年生のとき、二人は200メートル個人《こじん》メドレーで初めて対戦する。このときは「天才少年」「怪童《かいどう》」と呼《よ》ばれた萩野が圧倒的《あっとうてき》な強さをみせた。フィニッシュしたときにはなんと15メートルもの差がついていたのだ。

小学1年で栃木《とちぎ》県小山《おやま》市から愛知《あいち》県名古屋《なごや》市に引《ひ》っ越《こ》して、通いだしたスイミングクラブの入学の条件《じょうけん》が、「4泳法を泳げること」だった。それまでバタフライを泳げなかった萩野は、がんばって練習し泳ぎを身につけた。その結果、個人メドレーは萩野の得意種目になったのだ。

瀬戸は萩野の強さに、あぜんとしながらも「勝ちたい」と思った。このときに二人のライバル関係が始まった。ライバルとは、たがいに相手の足を引《ひ》っ張《ぱ》るような関係ではない。相手を認《みと》め、尊敬《そんけい》し、競《きそ》い合いながらたがいを高めていけるような関係こそ、真のライバルなのだ。

小学校時代の萩野は無敵《むてき》であり、瀬戸は歯が立たなかった。その関係に

右ページ・萩野《はぎの》は17歳《さい》で出場した2012年ロンドン大会で銅《どう》メダルを獲得《かくとく》した。右は優《ゆう》勝《しょう》したロクテ（アメリカ）。

変化が生じたのは、中学2年生のときの全国JOC《ジェイオーシー》ジュニアオリンピックカップ水泳競技《きょうぎ》大会だった。瀬戸《せと》は400メートル個人《こじん》メドレーで当時の日本中学新記録を出し、萩野《はぎの》に競《せ》り勝ち優勝《ゆうしょう》したのだ。瀬戸は高校時代も強かった。インターハイでは400メートル個人メドレーの3連覇《れんぱ》を達成した。

そしてむかえた2012年の日本選手権《せんしゅけん》で、二人はロンドンオリンピック代表の切符《きっぷ》をかけて戦うことになった。ライバルどうしで、「いっしょに行こう」と声をかけ合っていたのだ。

オリンピック代表になるにはきびしい条件《じょうけん》があった。「2位までに入ること」「日本水泳連盟《れんめい》が定めた派遣標準《はけんひょうじゅん》記録を突破《とっぱ》すること」の二つを満たさなくてはならない。多くの人は萩野と瀬戸がこの二つをクリアできると信じていた。400メートル個人メドレーでは瀬戸の持ちタイムのほうが良かったし、萩野も好調だったからである。

ところがこの試合の前、瀬戸はインフルエンザにかかっていた。思うように練習ができず、体力も落ちてしまっていたのだ。それでも瀬戸はがんばった。400メートル個人メドレーと200メートル個人メドレーで、ともに派遣標準記録を突破する泳ぎをみせたのだ。しかし、400メートルで3位、200メートルでも3位。2位までに入ることができなかった。

ライバル二人の明暗は大きく分かれた。瀬戸にとって萩野といっしょにロンドンオリンピックへ行く夢《ゆめ》は、はかなく散ってしまった。

表彰台《ひょうしょうだい》の上に立つ三人のうち、一人だけがオリンピックへ行くことができない。瀬戸はつらかった。早く表彰台から降《お》りたくてしかたがなかった。

新聞でもテレビでも、萩野はオリンピック代表として注目される。瀬戸は気持ちの整理ができないまま落ちこんでいた。泳ぐ気持ちになれず、何もやる気が起きなかった。しばらくの間、ただぼんやりと過《す》ごしていた。

瀬戸が目を覚ましたのは、萩野がロンドンオリンピックで銅《どう》メダルをと

オリパラクイズ.10

2016年リオデジャネイロ大会の競泳では、女子200m平泳ぎで日本の金藤理絵《かねとうりえ》選手が金メダルを獲得《かくとく》しました。これまで、オリンピックの競泳で金メダルを獲得した日本の女子選手は、金藤選手をふくめて何人いるでしょうか？

① 3人　② 4人　③ 5人

（答えは次のページ）

って表彰台《ひょうしょうだい》に上った姿《すがた》を見たときだった。

「このままでは終われない」

その後、萩野《はぎの》と瀬戸《せと》は勝ち負けをくり返した。

2013年の世界選手権《せんしゅけん》では、瀬戸が男子400メートル個人《こじん》メドレーで日本人として初優勝《はつゆうしょう》をかざる。そしてむかえた2014年仁川《インチョン》アジア競技《きょうぎ》大会。ここでは萩野が活躍《かつやく》した。400メートル個人メドレーなど4種目で金メダルを獲得《かくとく》。そのほか、銀メダル1個《こ》と銅《どう》メダル2個、合計7個のメダルを獲得したのだ。瀬戸は金メダル2個と銅メダル1個、合わせて3個のメダルを手にした。二人はアジアの国々の選手を相手に大暴《おおあば》れしたが、メダルの数では萩野が瀬戸を上回った。

翌《よく》2015年は萩野を悲劇《ひげき》がおそう。遠征中《えんせいちゅう》のフランスで自転車に乗っていて転倒《てんとう》し、反射的《はんしゃてき》に右手を地面についた。そのときに右ひじを骨折《こっせつ》し

85ページの答え　③ 5人

金藤《かねとう》選手以外の金メダリストは、1936年ベルリン大会の前畑秀子《まえはたひでこ》選手（200m平泳ぎ）、1972年ミュンヘン大会の青木《あおき》まゆみ選手（100mバタフライ）、1992年バルセロナ大会の岩崎恭子《いわさききょうこ》選手（200m平泳ぎ）、2004年アテネ大会の柴田亜衣《しばたあい》選手（800m自由形）の４人です。

てしまったのだ。しばらくは泳ぐことができない。ケガが治るまで所属《しょぞく》している東洋《とうよう》大学水泳部でマネージャーとして、ほかの選手を支《ささ》えた。だが、このことが萩野を精神的《せいしんてき》に成長させた。

萩野がいない2015年の世界選手権に出場した瀬戸は、400メートル個人メドレーで優勝して世界選手権2連覇《れんぱ》。リオデジャネイロオリンピック代表に内定した。その直後、瀬戸は言った。

「一番の強敵《きょうてき》は絶対《ぜったい》に公介《こうすけ》」

萩野はケガから立ち直った。ひさしぶりのライバル対決は、2016年4月の日本選手権で行われた。リオデジャネイロオリンピック代表切符《きっぷ》をかけた400メートル個人メドレーで、萩野はただ一人4分10秒を突破《とっぱ》する強さをみせ代表入り。2位には瀬戸が入った。

「夏は二人で優勝争い」

瀬戸はオリンピックで萩野と二人で金メダルを争うことを誓《ちか》った。

リオデジャネイロオリンピックが開幕《かいまく》した。８月５日の夜に開会式があり、翌日《よくじつ》から競泳が始まる。萩野《はぎの》と瀬戸《せと》が出場する男子400メートル個人《こじん》メドレーは、その競泳初日に行われた。

予選３組に出場した萩野は４分10秒00で１位通過《つうか》。余裕《よゆう》をもって泳いだ。

瀬戸は次の予選４組に出場したが２位だった。だが、その記録を見た萩野は驚《おどろ》いた。瀬戸のタイムは４分８秒47。萩野より１秒以上速かったのだ。瀬戸は自己《じこ》ベストを更新《こうしん》していた。さらに萩野にプレッシャーをかけたのは、瀬戸といっしょに泳いで１位になったアメリカのチェース・ケイリシュのタイム４分８秒12だ。

午前中に予選を終えた萩野は夜の決勝にそなえて、いったん選手村にもどった。仮眠《かみん》をとろうとしたが眠《ねむ》れない。瀬戸とケイリシュの力強い泳ぎ

左ページ・瀬戸《せと》は自己《じこ》ベストで予選を２位で通過《つうか》した。右は予選1位のケイリシュ(アメリカ)。

が頭からはなれない。

「どうすればいいんだ」

萩野は弱気になっていた。

夜6時半過《す》ぎ、萩野が水泳会場に向かう時間になった。眠れなかったことを正直に平井伯昌《ひらいのりまさ》コーチに言う。以前なら一人で悩《なや》みを抱《かか》えてしまっていたが、萩野は成長していた。平井コーチに相談して安心した萩野は、会場へ向かうバスの中で少しだけ睡眠《すいみん》をとることができた。

「思いきりやってこい！」

「いってきます！」

平井コーチの声に背中《せなか》をおされ、萩野は力強くこたえた。

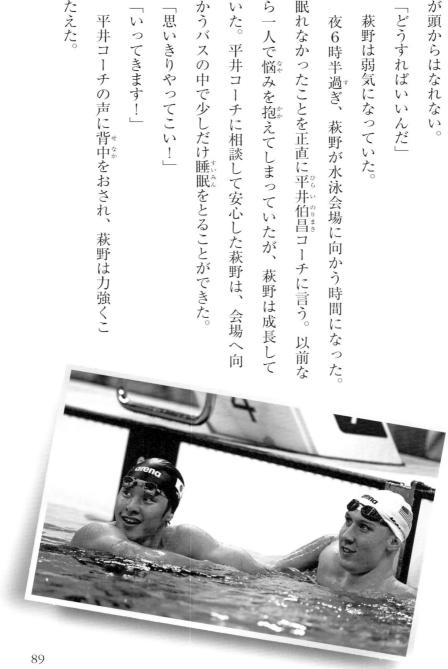

決勝のレースが始まった。

最初のバタフライで瀬戸《せと》がリード。萩野《はぎの》は2位につけた。次の背泳《せおよ》ぎは萩野が得意とする種目。逆転《ぎゃくてん》して萩野がトップに立つ。三種目めの平泳ぎでケイリシュが出てくるが、萩野はトップをキープ。瀬戸は3位に後退《こうたい》する。最後の自由形でケイリシュがせまってくる。だが萩野との差をつめることはできない。萩野は勝利を確信《かくしん》してフィニッシュした。4分6秒05の日本新記録。2位にはケイリシュ、瀬戸は3位に入った。

予選で自己《じこ》ベストをだした瀬戸は、決勝では疲《つか》れが残っていた。一方、余裕《よゆう》をもって予選を泳いだ萩野

いよいよメダルをかけた決勝のスタート。4レーンのケイリシュをはさんで3レーン萩野《はぎの》、5レーン瀬戸《せと》。

は、決勝で自己ベストを更《こう》新《しん》して優勝《ゆうしょう》したのだ。

「うおーっ！」

1位でフィニッシュした萩野は大きな雄《お》たけびをあげた。そして3位の瀬戸とだき合う。なにも言葉はかわさなかった。

そろってのインタビューを受けた二人は、カメラに向かって笑顔《えがお》をみせた。

表彰台《ひょうしょうだい》に上った3位の瀬戸は、再《ふたた》びさわやかな笑顔

をみせる。だが、それは本当の笑顔《えがお》ではなく、心の中はくやしい気持ちでいっぱいだった。その夜、瀬戸《せと》はあまりのくやしさで眠《ねむ》れなかった。

日本にとって50年ぶりのダブル表彰台《ひょうしょうだい》。一人が欠けてもダブル表彰台はない。萩野《はぎの》と瀬戸の二人だから達成できたのだ。

世界トップクラスのぎりぎりの戦い。ほんのわずかな差しかないライバルどうしの戦いにも、勝者がいれば敗者もいる。残酷《ざんこく》だが、それがスポーツの宿命《しゅくめい》なのだ。今回は萩野が勝ち、瀬戸が負けた。次はわからない。

徹底的《てっていてき》に自分をきたえぬき、世界一になって笑

顔をみせる萩野。くやしさを心の中にとじこめ、それでも笑顔をみせる瀬戸。敵《てき》に負けたのなら笑顔はみせない。ライバルだから、笑顔でいなくてはならなかった。ときとして友情《ゆうじょう》はむごいことをする。

2020年東京《とうきょう》大会でも、同じ種目で戦うかぎり、非情《ひじょう》な運命が二人を待っている。だが、萩野と瀬戸なら、乗りこえていけるにちがいない。

2020年東京《とうきょう》大会で二人はどんな泳ぎをみせてくれるだろうか（左・萩野《はぎの》、右ページ・瀬戸《せと》）。

特集1 パラリンピックがわかる！

パラリンピックは障《しょう》がい者を対象とした、もうひとつの（Parallel《パラレル》）オリンピック。２０２０年東京《とうきょう》大会では、オリンピック競技《きょうぎ》大会終了後《しゅうりょうご》の8月25日から9月6日の13日間にわたって開催《かいさい》される。

2020年東京大会で実施《じっし》される22競技

- ●アーチェリー
- ●パラ陸上競技
- ◎バドミントン
- ●ボッチャ
- ●カヌー
- ●自転車競技
- ●馬術《ばじゅつ》
- ●5人制《せい》サッカー
- ●ゴールボール
- ●柔道《じゅうどう》
- ●パラパワーリフティング
- ●ボート
- ●パラ射撃《しゃげき》
- ●シッティングバレーボール
- ●パラ水泳
- ●卓球《たっきゅう》
- ◎テコンドー
- ●トライアスロン
- ●車いすバスケットボール
- ●車いすフェンシング
- ●ウィルチェアーラグビー
- ●車いすテニス

このうち2020年東京大会で新たに採用《さいよう》されるのは、バドミントンとテコンドーの2競技。

パラリンピックのクラス分け

パラリンピックでは、競技《きょうぎ》によって、選手のさまざまな障《しょう》がいの種類や程度《ていど》に応《おう》じてクラス分けし、公平に競技ができるようにしている。陸上競技と水泳のクラス分けは次のとおり。

●パラ陸上競技のクラス分け

クラス	障《しょう》がい	
T/F 11	視覚《しかく》障がい	重い
T/F 12		↕
T/F 13		軽い
T/F 20	知的障がい	
T/F 31	脳性《のうせい》まひ（車いす）	重い
T/F 32		↕
T/F 33		↕
T/F 34		軽い
T/F 35	脳性まひ（立位）	重い
T/F 36		↕
T/F 37		↕
T/F 38		軽い
T/F 40	低身長症《しょう》	重い
T/F 41		軽い
T/F 42	下肢切断《かしせつだん》	重い
T/F 43		↕
T/F 44		軽い
T/F 45	上肢《じょうし》切断	重い
T/F 46		↕
T/F 47		軽い
T/F 51	脳性まひ以外の車いす（頸椎損傷《けいついそんしょう》、脊椎《せきつい》損傷、切断、機能《きのう》障がい）	重い
T/F 52		↕
T/F 53		↕
T/F 54		↕
F 55		↕
F 56		↕
F 57		軽い

●パラ水泳のクラス分け

クラス	障《しょう》がい	
1	身体の機能《きのう》に関する障がい（切断《せつだん》、脊椎損傷《せきついそんしょう》、脳性《のうせい》まひなどの肢体《したい》不自由）	重い
2		↕
3		↕
4		↕
5		↕
6		↕
7		↕
8		↕
9		↕
10		軽い
11	視覚《しかく》障がい	重い
12		↕
13		軽い
14	知的障がい	
15	聴覚《ちょうかく》障がい	
21	S10、S13に満たない軽い障がい	

パラ陸上競技

「T42」のように、アルファベットと2けたの数字でクラスを表示する。Tは競走種目と跳躍《ちょうやく》種目で、Fは投てき種目。数字が小さいほど障《しょう》がいが重い。

パラ水泳

「SB11」のように、アルファベットと数字でクラスを表示する。Sは自由形、背《せ》泳ぎ、バタフライで、SBは平泳ぎ、SMは個人《こじん》メドレー。数字が小さいほど障《しょう》がいが重い。

このほかにも、アーチェリー、ボート、カヌー、パラ射撃《しゃげき》などでクラス分けが行われている。

パラリンピックならではの競技《きょうぎ》・ルール

競技《きょうぎ》数は22。選手の障《しょう》がいに応《おう》じたルール、規則《きそく》などはあるが、陸上競技や柔道《じゅうどう》、自転車などは、基本《きほん》となるルールはオリンピックとあまりちがわない。一方、パラリンピックには、ボッチャ、ゴールボールのようにオリンピックにはない競技もある。ここでは、パラリンピックならではの競技やルールを中心にみていこう。

ボッチャ

重い脳性《のうせい》まひや手足の重度の障《しょう》がい者を対象とした競技《きょうぎ》。赤と青に分かれ、それぞれ6個《こ》のボールを投げたり転がしたりして、目標とする「ジャックボール」という白い球に近づける。男女混合《こんごう》で行われ、1対1（個人《こじん》戦）、2対2（ペア戦）、3対3（チーム戦）で競《きそ》われる。1998年のソウル大会からの正式競技。日本は2016年リオデジャネイロ大会の混合団体《だんたい》（チーム戦）で銀メダルを獲得《かくとく》している。

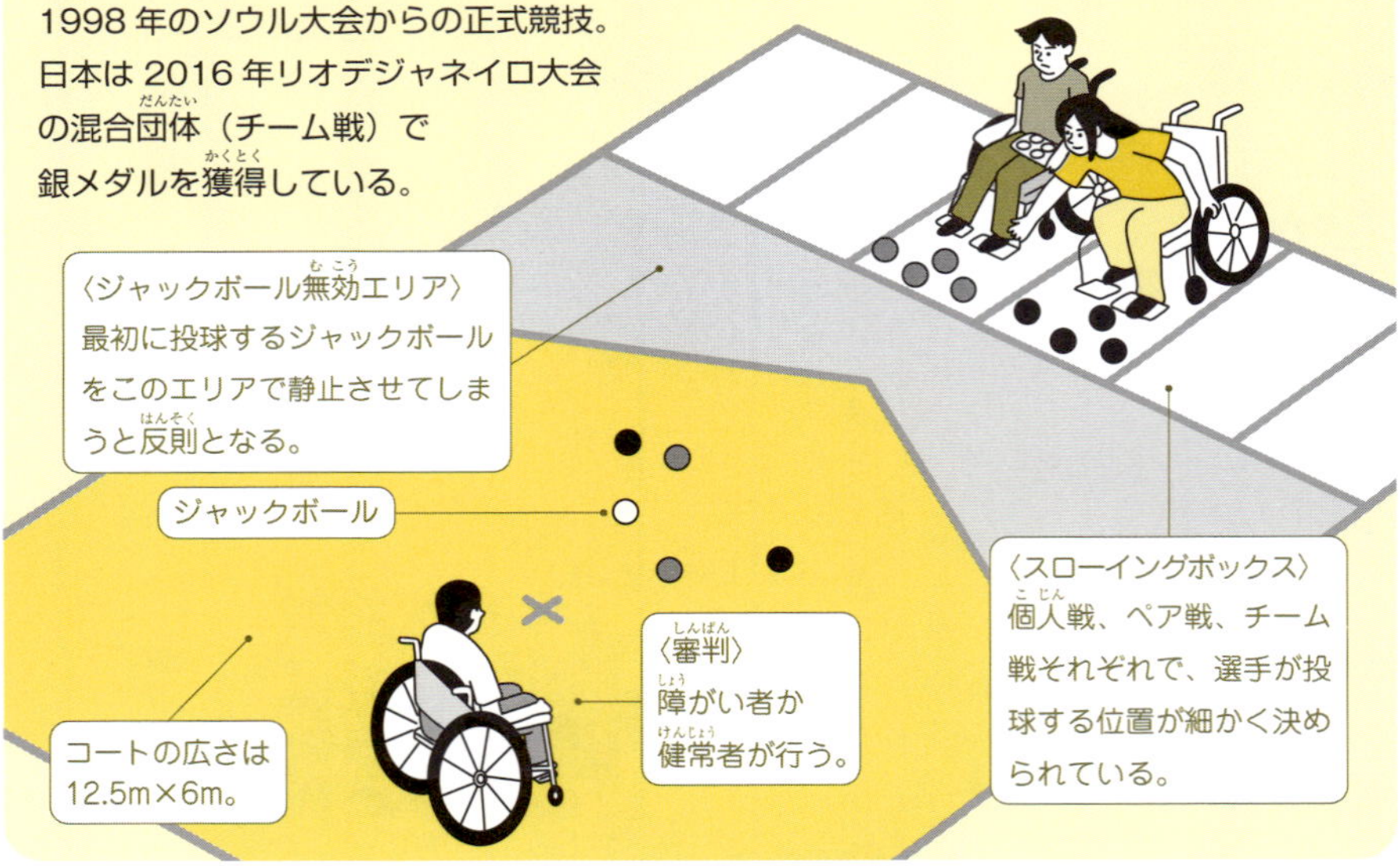

〈ジャックボール無効《むこう》エリア〉最初に投球するジャックボールをこのエリアで静止させてしまうと反則《はんそく》となる。

ジャックボール
〈スローイングボックス〉個人《こじん》戦、ペア戦、チーム戦それぞれで、選手が投球する位置が細かく決められている。

〈審判《しんぱん》〉障《しょう》がい者か健常《けんじょう》者が行う。

コートの広さは12.5m×6m。

5人制《せい》サッカー

視覚障《しかくしょう》がいの選手によるサッカー。フットサルと同じサイズのコートで行い、1チームは5人。ゴールキーパーは視覚障がいのない選手か障がいの軽い選手で、それ以外の4人はフィールドプレーヤーでアイマスクをつける。転がるとシャカシャカと音が出るボールを使用し、選手、コーチ、ガイド（コーラー）が声で選手に情報《じょうほう》を伝える。ボールを持った相手に向かっていくときは、「ボイ！」と声をかける。声が聞こえるように、観客は静かに応援《おうえん》する。

ゴールボール

視覚障《しかくしょう》がい者を対象とした競技《きょうぎ》。アイシェードという目かくしをした３人の選手が１つのチームを組み、２チームが対戦する。６人制《せい》バレーボールと同じ広さのコートで、攻撃側《こうげきがわ》は相手ゴールに向かってボールを転がす。

ボールはバスケットボールと同じようなサイズで、中に鈴《すず》が２つ入ったもの。

守備側《しゅびがわ》はボールの音や相手の動く音からどこにボールがくるかを判《はん》断《だん》し、体をたおすなど体全体を使ってゴールを守る。

日本女子チームは、2012年ロンドン大会で金メダルを獲得《かくとく》している。

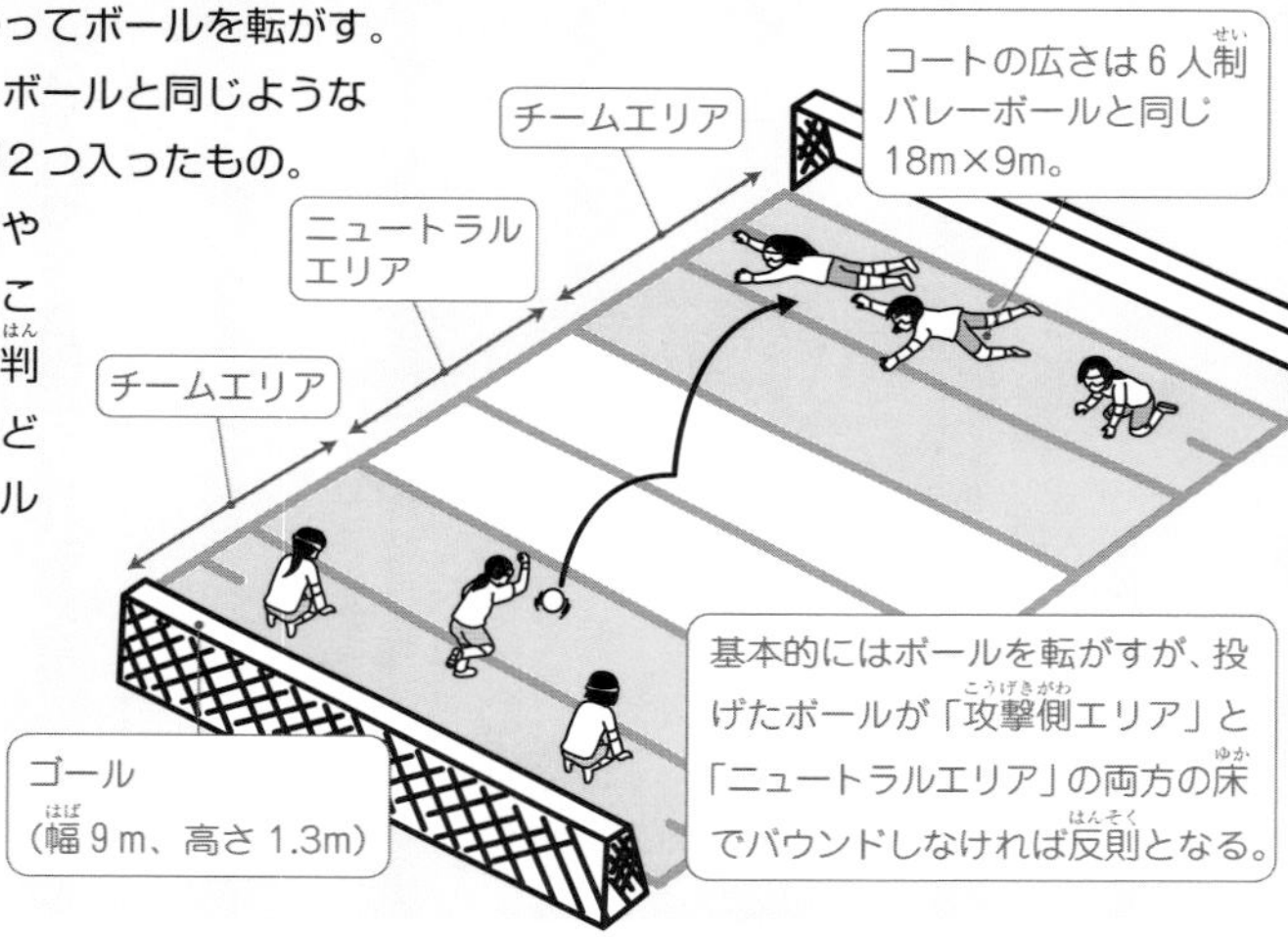
コートの広さは６人制《せい》バレーボールと同じ18m×9m。
チームエリア
ニュートラルエリア
チームエリア
ゴール（幅《はば》９ｍ、高さ1.3m）
基本的にはボールを転がすが、投げたボールが「攻撃側《こうげきがわ》エリア」と「ニュートラルエリア」の両方の床《ゆか》でバウンドしなければ反則《はんそく》となる。

シッティングバレーボール

床《ゆか》におしりをつけたまま行うバレーボールで、下半身に障《しょう》がいのある選手が対象。コートは一般《いっぱん》のバレーボールよりもせまく、ネットの高さも低い。サーブ、スパイク、ブロックのときは、おしりを床からはなすことはできないが、レシーブのときだけは、一瞬《いっしゅん》、おしりが床からはなれてもよい。

パラパワーリフティング

ウエイトリフティングで使うようなバーベルを、あおむけになった選手が上半身の力だけで持ち上げる。持ち上げることに成功したバーベルの重さで順位を競《きそ》う。下半身に障《しょう》がいのある選手が対象で、体重別にクラスが分かれている。

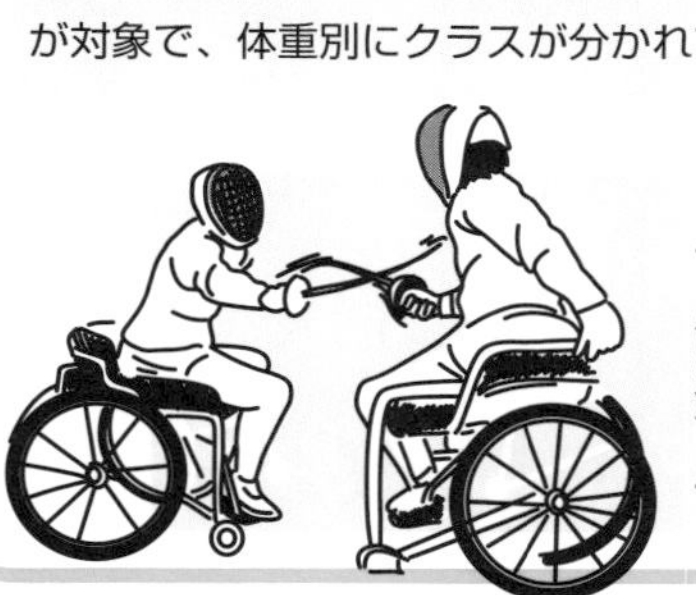

車いすフェンシング

下半身に障《しょう》がいのある選手が対象。「ピスト」という装《そう》置《ち》に車いすを固定《こてい》し、上半身だけで戦うフェンシング。剣《けん》のスピードとコントロールが勝負を決める。目にも止まらぬ速さで攻《せ》めるスピード感は、迫力《はくりょく》満点だ。

2008・2012・2016

Beijing.London.Rio de Janeiro

夏季パラリンピック／北京《ペキン》大会・ロンドン大会・リオデジャネイロ大会

5日間の死闘《しとう》でみせた「生きざま」

2016年リオデジャネイロパラリンピックで、日本競泳界のエースとして金メダルが期待された木村敬一《きむらけいいち》。大会中に体の不調にみまわれ、体力の限界《げんかい》を超《こ》えた戦いのすえ、銀メダル2個、銅《どう》メダル2個の快挙《かいきょ》をなしとげた。

水泳／男子自由形・平泳ぎ・バタフライ・個人《こじん》メドレー

木村敬一《きむらけいいち》選手

2012年ロンドンパラリンピックの競泳で、銀メダルと銅《どう》メダルに輝《かがや》いた木村敬一《きむらけいいち》は、全盲《ぜんもう》のスイマーだ。

トップレベルの全盲スイマーのほとんどが目の見える状態《じょうたい》での水泳経験があるのに対し、敬一は水泳に限《かぎ》らず、目が見えていたときの記憶《きおく》を何ひとつもっていない。そのため、泳いでいる姿《すがた》を頭のなかでイメージすることすらない。泳ぐときはゴールまで手をこぐ回数だけを数え、とにかくがむしゃらに進む。その間、レーン側面のロープに何度も体がぶつかる。観客からはジグザグに泳いでいるように見えることもあるくらいだ。その分、水をかいて進む力をきたえにきたえ、むだの多い泳ぎであっても、だれよりも早くゴールに着けるよう練習を重ねて強くなった。

敬一はこのように、健常者《けんじょうしゃ》にはない、「見えた記憶」をもつ多くのパラリンピックスイマーにもない、独特《どくとく》の感覚でプールを泳いでいる。

右ページ・リオデジャネイロ大会、最初の出場種目50m自由形で銀メダルを獲得《かくとく》し、声援《せいえん》にこたえる木村敬一《きむらけいいち》。

敬一《けいいち》は、病気のため1歳《さい》半のときに視力《しりょく》を失ったが、運動の大好きな子どもとして、すくすくと育った。勢《いきお》いよく走っては、転んだり物にぶつかったりしてケガばかりしている敬一に、家族はヒヤヒヤしっぱなしだった。10歳のとき、母親が「水の中ならケガをすることも少ないのでは」と、地元のスイミングスクールに連れて行ったのが、敬一の水泳人生の始まりだった。水の中に入ってからも生傷《なまきず》は絶《た》えなかったが、泳ぐのはとても楽しかった。

中学生になるころにはパラリンピックを意識《いしき》して練習にはげむようになった。中学3年のときには、国際《こくさい》視覚障害者《しかくしょうがいしゃ》スポーツ協会世界ユース選手権《せんしゅけん》大会に

スタートでプールに飛びこむ敬一《けいいち》。視覚障《しかくしょう》がいの選手にとっては、入水ミスをせずコースを外れないように飛びこむことも簡単《かんたん》ではない。

出場し、自由形2種目で金メダル、平泳ぎで銅《どう》メダルを獲得《かくとく》。

　そして、わずか17歳で北京《ペキン》パラリンピックに出場し、自由形、平泳ぎ、バタフライの3種目で入賞を果たす。さらに、4年後のロンドンパラリンピックでは、100メートル平泳ぎで銀メダル、100メートルバタフライで銅メダルを獲得した。21歳の若《わか》さにして、輝《かがや》かしい実績《じっせき》だ。

　だが、ロンドン大会で「金メダルをとりたい！」と公言していた敬一にとってはくやしい結果だった。敬一は、次のリオデ

ジャネイロ大会で必ず金メダルをとると心に決めた。

ロンドン大会の後、400メートル自由形の元日本記録保持者《ほじしゃ》、野口智博《のぐちともひろ》コーチの指導《しどう》を受けることになった。野口コーチは最初、敬一《けいいち》がまっすぐ泳げるようになればタイムはのびるだろうと思い、全盲《ぜんもう》の泳ぎの感覚を知ろうと、視界《しかい》を完全に遮断《しゃだん》する黒いゴーグルを自分でつけて泳いでみた。そして驚《おどろ》いた。まっすぐ泳ぐことがまったくできなかったからだ。

次に、プールのロープや床《ゆか》の目印をすべて取り外した状態《じょうたい》で、学生たちを泳がせてみたが、誰《だれ》もまっすぐに泳ぐことはできなかった。目が見えていても、目印なしにはまっすぐ泳げないのだ。

野口コーチは、自分たちがどれだけ目や目印にたよって泳いでいるかを思い知った。敬一はどんな世界で生きているのか……。

コーチが出した結論《けつろん》は、むだな泳ぎを上回るほどのパワーをつけさせること。敬一の「1日5食」プラス筋《きん》トレ生活が始まった。

プールから出た敬一は、全盲《ぜんもう》であることを同級生たちが忘《わす》れてしまうことがあるほど、活動的な今どきの学生だ。だからこそ同級生は、彼《かれ》の競泳へ向かうひたむきな態度《たいど》にふれると驚く。そこには、敬一の「超《ちょう》」がつくほどの負けずぎらいと、プライドがあった。

「オリンピック選手よりもタイムが遅《おそ》いことを目が見えないせいにしたら、成長が止まってしまう。パラリンピックだからこんなものか、しょうがない、とは言われたくない」

パラリンピック選手として評価《ひょうか》されても、オリンピック選手にタイムでおよばないことがくやしいのだ。もともと食の細い敬一にとって、1日に5回も食べなければならない生活は筋力《きんりょく》トレーニング以上の苦行《くぎょう》だったが、タイムを上げ、金メダルをとるという目標が彼《かれ》をふんばらせる力になった。

オリパラクイズ.11

パラリンピックで行われる水泳や陸上競技《きょうぎ》などでは、公平に競技ができるように、障《しょう》がいの種類や程度《ていど》に応じてクラス分けが行われます。このクラス分けは誰《だれ》が行うのでしょうか？

①選手自身（自己申告《じこしんこく》）　②審判員《しんぱんいん》　③クラス分け委員

（答えは次のページ）

２０１６年、敬一《けいいち》は４年前と比《くら》べて８キロも体重を増やし、たくましい体になってリオデジャネイロに乗りこんだ。出場種目は50メートル自由形、100メートル自由形、100メートル平泳ぎ、100メートルバタフライ、200メートル個人《こじん》メドレーのなんと５種目。日本記録をもつ100メートル平泳ぎと、世界ランキング１位の100メートルバタフライの２種目では、金メダルしか考えていない。

戦いの日程《にってい》は、出場する５種目が５日間に続けて行われるという過酷《かこく》さだったが、敬一は初日の50メートル自由形で銀メダルを獲得《かくとく》し、絶好《ぜっこう》のスタートをきった。だがこの直後、異変《いへん》にみまわれることになる。

実はこの半年、敬一は突然《とつぜん》コンディションを落とすことが何度かあった。

103ページの答え　③クラス分け委員

公認《こうにん》の資格《しかく》をもったクラス分け委員が、選手一人ひとりについて運動機能《きのう》などのテストを行い、障《しょう》がいの度合いや競技中《きょうぎちゅう》のようすなども観察したうえでクラス分けを行っています。

それが、この大事な場面で起こってしまったのだ。その背景《はいけい》には、2020年東京《とうきょう》オリンピック・パラリンピック開催《かいさい》をひかえて加熱しているメディアから、「日本競泳界のエース」「金メダルに一番近いスイマー」とさわがれたプレッシャーもあったのかもしれない。

銀メダルをとった夜、敬一はほとんど眠《ねむ》れず、翌日《よくじつ》の100メートル平泳ぎのレースを重い体でむかえることになった。得意種目で金メダルをねらった結果は、まさかの銅《どう》メダル。

くやしさのなか、「明日はしっかり金メダルをとろう」と気持ちを切りかえようとしたが、一度くずしてしまったコンディションはどうにもならなかった。

体が動かない。筋肉痛《きんにくつう》や風邪《かぜ》のような感覚にみまわれながら、「こんなはずじゃない」と気持ちをふるい立たせて戦った3日目の100メートルバタフライ。終盤《しゅうばん》、ライバルにぬかれて、わずかな差での銀メダルに終わった。

試合直後のインタビューでは、「あー、くやしいです」と答えるのが精一杯《せいいっぱい》なほどに疲労《ひろう》していた。

そして、4日目の100メートル自由形。敬一《けいいち》はぎりぎりのタイムで予選を突破《とっぱ》した。インタビューで「体が動かなかったです」と正直に言ってしまったあと、「余裕《よゆう》です！　大丈夫《だいじょうぶ》です！」と答える姿《すがた》は痛々《いたいた》しくすら見えた。決勝のレースを泳ぎきる力は残っているのだろうか……。

だが、真価《しんか》が発揮《はっき》されたのはこ

こからだった。

決勝で、敬一はレーンの左に寄《よ》ったり右に寄ったりしながらどこまでもトップに食らいついた。ラストは2位以下がほとんど横一線でフィニッシュ。結果は銅《どう》メダル。初日以来の「うれしいメダル」だった。

プールから上がってきた敬一は泣いていた。

「自分がこんな状態《じょうたい》でも送り出してくれる強い味方がいたので……。感謝《かんしゃ》の気持ちでいっぱいです」

100mバタフライ決勝で力泳する敬一《けいいち》。気持ちをふるい立たせてのぞんだこの種目、最後はタッチの差で金メダルに手がとどかなかった。

敬一《けいいち》の横では、このレースでタッピ※ングを担当した谷川哲朗《たにがわてつろう》コーチも泣いていた。敬一がもっとも激《はげ》しく感情《かんじょう》をあらわしたのは、インタビュアーがそのことを伝えたときだった。

「谷川コーチはパラリンピックの大会は初めてですし、タッピングの経験もそんなに多くない……。たぶん、自分で泳ぐより緊張《きんちょう》されていたと思うんです」

そのまま、タオルで顔をおおってしゃがみ、肩《かた》をふるわせる敬一。体の限界《げんかい》を超《こ》えていてもあきらめずにがんばれているのは、結果を出せない自分でも、いつもと変わらず支《ささ》え続けてくれる人たちがいるから、その人たちの思いもいだいて泳いでいるから――それが

100m自由形決勝にのぞむ敬一《けいいち》（右）と谷川《たにがわ》コーチ（左）。

※目の見えない選手がプールの壁《かべ》にぶつからないように、専用《せんよう》の棒《ぼう》を使い、壁の少し手前で選手の頭を軽くたたいて合図すること。

伝わる場面だった。

5日目、最後の種目となった200メートル個人《こじん》メドレーでは4位。自己《じこ》ベストを更新《こうしん》しての日本新記録だ。終わってみれば、4つのメダル、1つの日本新記録という、日本選手最高の結果を積み重ねていたのだ。

「4つのメダルよりも、1個《こ》の金メダルがほしかった」

これが敬一の正直な思いだ。でも、ひどい不調のなか、最後までやれるだけのことをやりきった充実感《じゅうじつかん》はある。敬一はさらに言った。

「敗北を受け止めて、今後の人生のどこかで取り返すことができるように、前を向いて帰りたいと思います」

リオデジャネイロ大会での壮絶《そうぜつ》な戦いぶりを見た人たちなら思うだろう、「彼《かれ》ならできる」と。木村敬一《きむらけいいち》がいつかどこかで「取り返す」のを、楽しみに待ちたい。

2004・2008・2012・2016

Athens.Beijing.London.Rio de Janeiro

夏季パラリンピック／アテネ大会・北京《ペキン》大会・ロンドン大会・リオデジャネイロ大会

世界のフェデラーに認《みと》められた史上最強の車いすプレーヤー

逆境《ぎゃっきょう》をのりこえ、車いすテニスの絶対王者《ぜったいおうじゃ》にのぼりつめた国枝慎吾《くにえだしんご》。

シングルス3連覇《れんぱ》をめざした2016年リオデジャネイロパラリンピックは、再《ふたた》びおとずれた試練との戦いでもあった。

車いすテニス／男子シングルス・ダブルス

国枝慎吾《くにえだしんご》選手

史上最高のテニスプレーヤーともいわれるロジャー・フェデラー（スイス）に、あるとき日本人記者が質問《しつもん》をした。

「なぜ日本のテニス界には世界的な選手が出てこないのか」

すると、こんな答えが返ってきた。

「何を言っているんだ君は？　日本にはクニエダがいるじゃないか！」

こんなエピソードもある。

当時世界ランキング1位だったフェデラーが、一年間でテニスの4大大会を制覇《せいは》する年間グランドスラムを達成するのはいつかとたずねられたとき、

「ぼくよりクニエダのほうが先に達成するだろう」

と答えたという。

4大大会優勝《ゆうしょう》歴代最多の世界のフェデラーに認《みと》められた男、「クニエダ」とは、車いすテニスの絶対王者《ぜったいおうじゃ》、国枝慎吾《くにえだしんご》だ。国枝は、フェデラーが予測《よそく》

右ページ・2014年全仏《ぜんふつ》オープンの決勝戦でサーブを打つ国《くに》枝《えだ》。この年、自身4回目の年間グランドスラムを達成した。

※錦織圭《にしこりけい》選手が台頭する前のことである。

したその年に、車いすテニス史上初の年間グランドスラムを達成した。

国枝《くにえだ》が車いす生活になったのは9歳《さい》のとき。それまでは野球少年だった。ある朝、腰《こし》の痛《いた》みで目がさめた。野球で腰を落としてボールをとる練習をしていたせいかと思い、接骨院《せっこついん》で治療《ちりょう》を受けたが、日に日に痛みは増す。病院で精密検査《せいみつけんさ》を受けると脊髄《せきずい》に腫瘍《しゅよう》が見つかった。手術《しゅじゅつ》が終わって目がさめると、もう足が動かなくなっていた。

半年間の入院ののち、車いす生活が始まった。

2年後、幸運な偶然《ぐうぜん》が、彼《かれ》の人生を決めることになる。国枝はこのころ、車いすをあやつりながら、学校の友だちとバスケットボールを楽しんでいた。そんなとき、母親が近くに車いすテニスを教えるクラブがあると聞いてきたのだ。当時の日本には、車いすテニスの指導《しどう》をするクラブは、ほかにはほとんどなかった。テニスに興味《きょうみ》はなかったが、やってみるとバスケットボールで身につけた車いすの操作技術《そうさぎじゅつ》が役立ち、おもしろくなってみるみる上達する。

高校1年のとき、初めての海外遠征《えんせい》でオランダをおとずれた。そのとき、プロとして車いすテニスで生計を立てている選手がいることを知る。

「自分もそうなりたい!」

目標が見つかるとテニスへの向き合い方が変わってきた。

そして17歳のとき、運命の出会いがあった。その後、二人三脚《ににんさんきゃく》でともに戦い続けることになる丸山弘道《まるやまひろみち》コーチだ。テニスクラブでコーチから声をかけられた。

「世界をめざしたいか?」

オリパラクイズ.12

2016年リオデジャネイロパラリンピックで、日本選手団《せんしゅだん》の旗手をつとめた車いすテニスプレーヤーは誰《だれ》でしょうか?

①国枝慎吾《くにえだしんご》選手　②齋田悟司《さいださとし》選手　③上地結衣《かみじゆい》選手

(答えは次のページ)

「やってみたい」

丸山《まるやま》コーチによると、「飛びはねるような、躍動感《やくどうかん》のある動きにひとめぼれした」という。それから本格的《ほんかくてき》に競技《きょうぎ》に取り組み、海外ツアーにも参戦するようになる。テニスの実力はめざましく向上し、世界ランキングもうなぎ登りに上がっていった。

2004年のアテネパラリンピックでは、同じクラブの先輩《せんぱい》、齋田悟司《さいださとし》とダブルスを組み、みごと金メダルを獲得《かくとく》する。シングルスはベスト8まで進んだ。

国枝《くにえだ》には、もうひとつの大きな出会いがあった。オーストラリア人のメンタルトレーナー、アン・クイン氏だ。世界ランキングを10位まで上げた2006年、全豪《ぜんごう》オープンに出場したときのこと。

「自分が世界最強になれると思うか?」と聞かれ、

113ページの答え　③上地結衣《かみじゆい》選手

上地結衣選手は、リオデジャネイロ大会の車いすテニス女子シングルスで3位となり、パラリンピックの車いすテニスで、日本の女子選手として史上初のメダリストとなりました。

「なりたい」と答えると、
「これからは『なりたい』ではなくて『オレが世界最強だ』と言い切る練習を始めよう」と指導《しどう》された。まわりにライバルもいる選手用のレストランでそれを言わされたのだ。恥《は》ずかしかったが、大声でさけぶまでOK《オーケー》してくれない。

それから毎朝、鏡の前で「オレは最強だ！」とさけび続けた。初めは半《はん》信半疑《しんはんぎ》だったが、続けているうちに国枝の中に変化があらわれた。

テニスの試合は3時間以上もかかることがあり、試合中、気持ちに波が出てくる。サーブを打つ前に「失敗してしまうかも」というネガティブな気持ちがよぎることがある。そのまま打つと必ずミスをする。でも「オレは最強だ！」と口に出すと、弱気がパッと消えていくことに気づいた。

練習にも熱が入り、新たな技術《ぎじゅつ》を習得する。

「オレは最強だ！」という魔法《まほう》の言葉は、いまもラケットのヘッドに書

オリパラクイズ.13

車いすテニスのルールで、次のうち認《みと》められているのはどれでしょうか？

① 2バウンドで打ってもよい　**② ボールが車いすにふれてもよい**

③ サーブはコートの内側から打ってもよい

（答えは120ページ）

いている。

こうしてメンタルも強くなった国枝《くにえだ》の快進撃《かいしんげき》が始まった。

２００６年10月には、ついに世界ランキング１位に上りつめる。翌《よく》２００７年の全豪《ぜんごう》オープンのシングルスで優勝《ゆうしょう》。シングルスでは初めて手にした４大大会のタイトルだった。

続いてジャパンオープン、ブリティッシュオープン、全米《ぜんべい》ウィールチェア大会でも優勝。当時の車いすテニス男子シングルスの年間グランドスラムを達成する。フェデラーが予測《よそく》した、史上初の偉業《いぎょう》だった。

２００８年の北京《ペキン》パラリンピックでは、男子シングルスで金メダルを獲得《かくとく》。相手に１セットも与《あた》えない圧倒的《あっとうてき》な勝利だった。齋田《さいだ》と

※２００９年からグランドスラムに該当《がいとう》する大会が健常《けんじょう》者《しゃ》のテニスに準《じゅん》じて全米《ぜんべい》、全仏《ぜんふつ》、全豪《ぜんごう》の３つになった（ウィンブルドンは２０１５年まで車いすテニスのシングルスがなかった）。

２００８年北京《ペキン》大会では、相手に１セットも与えない圧倒《あっとう》的《てき》な強さで、シングルスで念願のパラリンピック金メダリストになった。

組んだダブルスでも銅《どう》メダルに輝《かがや》いた。

※2009年、2010年も年間グランドスラムを達成。シングルス100連勝も達成した。

2012年ロンドンパラリンピックでもシングルスで金メダルに輝き、男子シングルス史上初のパラリンピック2連覇《れんぱ》を成しとげた。

さらに2014年、2015年も再《ふたた》び連続で年間グランドスラムを達成。驚異的《きょういてき》な強さをみせ続けた。

2016年、リオデジャネイロパラリンピックの年になった。

王者国枝《くにえだ》に最大の試練がおとずれていた。前年の10月に全米《ぜんべい》オープンを制覇《せいは》したあと、右ひじの違和感《いわかん》におそわれたのだ。

右ひじの痛《いた》みとは長いつきあいだった。2009年の秋にも痛めた。多くのテニスプレーヤーが経験する、いわゆる「テニスひじ」で、国枝の武器であるバックハンドが原因《げんいん》だった。その後、痛みをかかえながらもプレーを続け、2012年に手術《しゅじゅつ》

国枝《くにえだ》(左)と齋田《さいだ》(右)。2004年アテネ大会からダブルスを組んでいる。

を決断《けつだん》。手術は成功して順調に回復《かいふく》し、ロンドンパラリンピックでは頂点《ちょうてん》に立っていた。

その右ひじがまた痛みだしたのだ。1月の全豪《ぜんごう》オープンでは4大大会で初めて初戦で敗退《はいたい》する。世界ランキングも1位からすべり落ちた。

国枝は再び手術を受けることを決意する。「リオでの金メダルの確率《かくりつ》を少しでも上げるため」だった。しかし、手術後の経過《けいか》は思わしくなく、6月の全仏《ぜんふつ》オープン開幕前《かいまくまえ》の練習中に痛みが再発《さいはつ》。試合には出場したが、準《じゅん》決勝《けっしょう》で敗退した。

その後はリオまでの残された時間を考え、治療《ちりょう》とリハビリに専念《せんねん》した。心が折れそうになった。「こんなに精神的《せいしんてき》に弱かったんだ」と自分をふがいなく思った。そんなとき心の支《ささ》えになったのは17歳《さい》のときから苦楽《くらく》をともにしてきた丸山《まるやま》コーチ、そして妻《つま》をはじめとする家族だった。

ラケットをにぎってボールを打ち始めたのは7月中旬《ちゅうじゅん》から。復活《ふっかつ》のきざしが見え始めたのは8月。リオ開幕《かいまく》まで1か月もない。

しかし、めざすはパラリンピック3連覇《れんぱ》だ。パラリンピックに初めて「チャレンジャー」として出場することになった。

9月11日。リオデジャネイロパラリンピック、大会5日目。

国枝《くにえだ》のシングルス初戦は2回戦。相手は地元ブラジルのロドリゲス。ブラジルの応援《おうえん》一色のなか、まずはしっかりとストレート勝ちをした。

3回戦は中国《ちゅうごく》の董順江《とうじゅんこう》と対戦。再《ふたた》びストレートで勝ち、ベスト8に進出した。ただ、いつもの国枝のプレーとはほど遠い内容だった。

次は準々決勝《じゅんじゅんけっしょう》。ベルギーのヨアキム・ジェラールとの対戦。これまで12勝2敗と大きく勝ち越《こ》している相手だが、苦戦をしいられストレートで負けてしまう。国枝のパラリンピック3連覇《れんぱ》はならなかった。

「試合の勘《かん》がもどりきってなくて、3日間すごく苦労した」

115ページの答え　① 2バウンドで打ってもよい

車いすテニスでは、ボールが3バウンドするまでに返球すればよいルールになっています。そのほかについては、一般《いっぱん》のテニスとほぼ同じルールで行われます。

「ほんとうに苦しい1年だった」

直前の大切な時期に実戦をはなれ、調整の時間が足りなかったことが敗因《はいいん》だった。

だが、国枝はここで気持ちを切りかえた。

残るはダブルス。パラリンピックで齋田《さいだ》と組むのも3度目だ。くやしい思いをぶつけ、みごと銅《どう》メダルを獲得《かくとく》した。

これまでパラリンピックで金メダルを3個《こ》獲得してきた国枝が、この大会で手にしたのは銅メダル。しかし、苦しい大会だっただけに喜びもひとしおだった。齋田とだき合った国枝の目からは大つぶの涙《なみだ》がこぼれ落ち、しばらく止まらなかった。

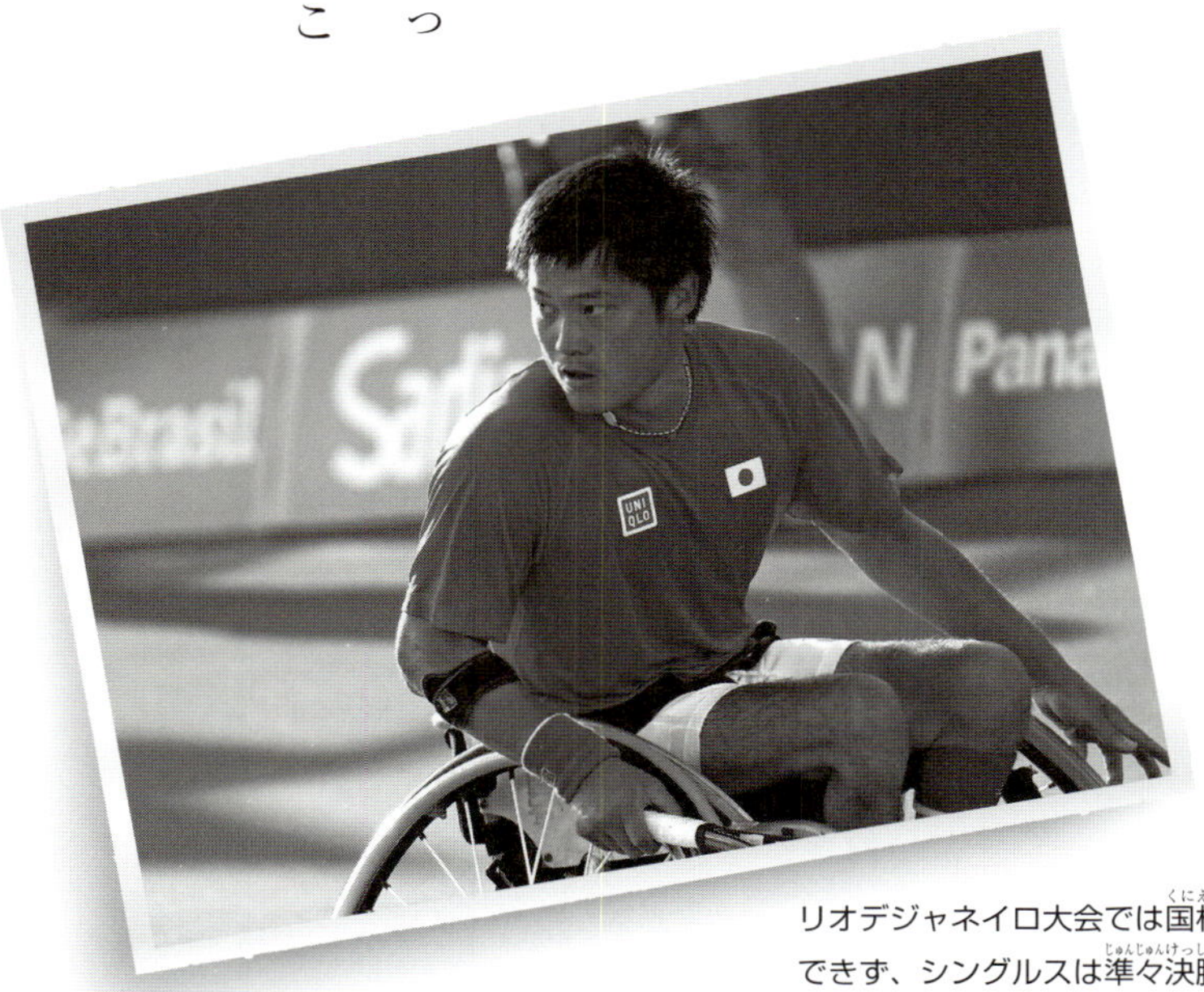

リオデジャネイロ大会では国枝《くにえだ》らしい試合ができず、シングルスは準々決勝《じゅんじゅんけっしょう》で敗退《はいたい》した。

2020年には36歳《さい》になる国枝《くにえだ》。東京《とうきょう》パラリンピックを自分のテニス競《きょう》技《ぎ》人生の集大成と位置づけるが、一方で、もうひとつ大きな夢《ゆめ》がある。

2012年のロンドンパラリンピックのとき、観客は障《しょう》がい者スポーツを「競技《きょうぎ》スポーツ」として観戦し、選手のパフォーマンスを純粋《じゅんすい》に楽しんでいた。東京パラリンピックもそうなってほしい。健常者《けんじょうしゃ》か障がい者かにかかわらず、スポーツを楽しく見て応援《おうえん》してもらえる大会になってほしい。そのためには、「車いすでもこんなプレーができるんだ」と観客に驚《おどろ》いてもらわなくてはならない。

「自分にできることは予想をこえるパフォーマンスを見せること。それが、集客につながると思う」

パラリンピックの会場を観客で満員にすることが夢だ。その夢の実現のために、まだまだ国枝の進化は続く。

コラム

失格《しっかく》から一転、競歩で日本初のメダル

荒井広宙《あらいひろおき》選手

これまであまり注目されることのなかった競歩。リオデジャネイロ大会の前年に行われた世界選手権《せんしゅけん》の50キロ競歩では、谷井孝行《たにいたかゆき》が3位、荒井広宙《あらいひろおき》が4位に入り、一躍《いちやく》メダルへの期待が高まっていた。オリンピックが近づくと、その重圧《じゅうあつ》に苦しんだ谷井は寝《ね》つけなくなり、調子を落とした。

リオデジャネイロ大会本番。スタートしてしばらく谷井と荒井は2位集団《しゅうだん》にいたが、途《と》中《ちゅう》から谷井が遅《おく》れた。一方、初出場で谷井ほど重圧のない荒井は、世界王者のマティ・トート（スロバキア）に照準《しょうじゅん》を合わせ、3位をキープする。だが残り2キロを切ったあたりでカナダのエバン・ダンフィーにぬかれる。

「また4番かな、と思ったが、今回の3位争いは谷井さんではなくカナダ選手。負けるわけにはいかない」

ラスト1キロ手前でダンフィーをぬき返し、そのまま3位でフィニッシュした。ところが、ぬくとき荒井の右腕《みぎうで》がダンフィーの左ひじに接《せっ》触《しょく》し妨害《ぼうがい》したとして、カナダチームが抗議《こうぎ》。荒井は失格《しっかく》となる。それに納得《なっとく》できない日本も抗議し、最終的には荒井の銅《どう》メダルが確定《かくてい》した。

ダンフィーは、

「おたがいぶつかることはよくあること」

「抗議が成功してメダルをもらっても、ほこりには思えない」

とコメント。

荒井にも「ソーリー」と謝罪《しゃざい》し、ハグし合った。二人は閉会式《へいかいしき》で笑顔《えがお》のツーショット写真をとるなど、友情《ゆうじょう》をはぐくんだ。さわやかなスポーツマンシップに称賛《しょうさん》が相次いだ。

写真・ダンフィー(右)と競《せ》り合う荒井《あらい》(左)。

2004・2008・2012・2016

Athens.Beijing.London.Rio de Janeiro

夏季／アテネ大会・北京《ペキン》大会・ロンドン大会・リオデジャネイロ大会

「孤《こ》高《こう》の絶《ぜっ》対《たい》女《じょ》王《おう》」が追い求め続けるもの

試合時間残り5秒。
見ている誰《だれ》もがあきらめかけた
そのとき、大逆転《だいぎゃくてん》で
世界女子アスリート史上初の
オリンピック４連覇《れんぱ》が決まった。
数々の試練を乗りこえての
偉業《いぎょう》達成だった。

レスリング／女子63kg級・58kg級

伊調《いちょう》 馨《かおり》選手

「10年後の私《わたし》。オリンピックに出て、金メダルをとっている」

1997年3月、伊調馨《いちょうかおり》が小学校の卒業文集に書いた言葉だ。

それからわずか7年後の2004年、伊調馨はアテネオリンピックで、女子レスリング63キロ級の初代金メダリストになった。

この大会で、日本女子レスリング勢《ぜい》は金メダル2個《こ》、銀メダル1個、銅《どう》メダル1個と、全階級《ぜんかいきゅう》でのメダル獲得《かくとく》を達成した。金メダルに輝《かがや》いたのは伊調馨と55キロ級の吉田沙保里《よしださおり》、銀メダルは馨の3歳《さい》年上の姉である48キロ級の伊調千春《いちょうちはる》、銅メダルは72キロ級の浜口京子《はまぐちきょうこ》だ。

千春・馨の伊調姉妹《いちょうしまい》は、姉妹レスラーであるというだけでなく、きずなの強さでも知られていた。女子レスリングが正式種目に決定するはるか前の子どものころから、「オリンピックで姉妹そろって金メダル」を合言葉《あいことば》に練習にはげんできたからだ。アテネ大会ではそれがかなえられず、4年後の北京《ペキン》大会にその夢《ゆめ》は持ちこされた。

右ページ・リオデジャネイロ大会でオリンピック4連覇《れんぱ》を達成し、歓声《かんせい》にこたえる伊調馨《いちょうかおり》。

そして、２００８年北京《ペキン》大会にも姉妹《しまい》はそろって出場したが、千春《ちはる》はこの大会でも決勝戦で敗れた。

しかし、同じ銀メダルでも、表彰台《ひょうしょうだい》での表情《ひょうじょう》は、ひとかけらの笑顔《えがお》も見せなかった前大会とはまったくちがっていた。ほこらしげに銀メダルを片手《かたて》に持つと、満面の笑顔で高くかかげた。

「この銀メダルは、私のなかでは金メダルです」

この言葉とともに、千春はオリンピックの舞台《ぶたい》を降《お》りた。

この大会でも金メダルを獲得《かくとく》し、オリンピック２連覇《れんぱ》を達成した馨《かおり》は、姉の引退《いんたい》を聞き、「姉妹そろって金メダルの夢《ゆめ》がかなわないのなら……」と、一度は自分も引退することを決意する。千春といっしょに金メダルをとることが目標のすべてだった。馨には、千春のいないオリンピックは考えられない。

北京《ペキン》大会で銀メダルをかかげる伊調千春《いちょうちはる》（左）。自分のすべてを出しつくした結果の銀メダルだった。

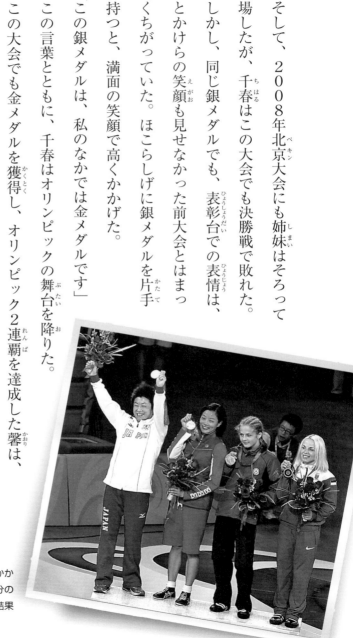

だが、「お前はもっともっと強くなれる」という千春や周りの人たちの説得で、馨は再《ふたた》びマットにもどった。

日本女子アスリートとして初の偉業《いぎょう》となる「オリンピック3連覇」に向け、馨は日々特訓《とっくん》を重ねた。さらに強くなるために男子の練習にも参加した。パワーや体格《たいかく》の差があり、まったく歯が立たない相手にいどんでいくことで、新たな技《わざ》をどんどん吸収《きゅうしゅう》していった。「レスリングは楽しい！」レスリングに対する純粋《じゅんすい》な気持ちもよみがえった。

２０１２年、ケガによる不戦敗をのぞき、公式戦149連勝中という驚異《きょうい》の記録とともにロンドン大会に出場した馨は、どの選手と当たっても別格《べっかく》の強さをみせつける。ラフなプレーでしか勝負をかけられない選手たちの強《ごう》引《いん》な攻《せ》めにも顔色一つ変えず対処《たいしょ》し、３つ目の金メダルを手にした。オリ

オリパラクイズ.14

これまでオリンピックの個人《こじん》種目で４連覇《れんぱ》した選手は、レスリング女子の伊調馨《いちょうかおり》選手をふくめて何人いるでしょうか？

① ４人　② ５人　③ ６人

（答えは次のページ）

ンピック3連覇《れんぱ》という快挙《かいきょ》を簡単《かんたん》に達成したかのように見えた馨《かおり》だが、実は試合数日前に靭帯断裂《じんたいだんれつ》の大ケガをしていたという事実が人々をさらに驚《おどろ》かせた。

ロンドンでの大舞台《おおぶたい》を終えても休むことなく、次の目標――それまで誰《だれ》も想像《そうぞう》すらしてこなかった「4連覇」に向けて進んでいく。

馨のモチベーションのもとにあるのは、「勝つため」ではなく、「レスリングをきわめるため」。試合で勝っても、内容に満足がいかないとくやしかった。オリンピックの舞台でもそうだ。次から次へと新しい課題が見つかるレスリングの奥深《おくぶか》さに、馨は3連覇をとげてもなお魅了《みりょう》され続けていたのだ。

その馨が「止まった」のは、2014年11月28日のこと。故郷《こきょう》の八戸《はちのへ》で

127ページの答え　① 4人

伊調馨《いちょうかおり》選手以外はすべてアメリカの男子選手で、陸上男子円盤投《えんばんな》げのアル・オーター選手（1956～1968年）、陸上男子走《はし》り幅跳《はばと》びのカール・ルイス選手（1984～1996年）、競泳男子200m個《こ》人《じん》メドレーのマイケル・フェルプス選手（2004～2016年）の3人です。

母トシが突然《とつぜん》たおれ、帰らぬ人となったのだ。知らせを受けてすぐに八戸へ飛んだが、母と最後の言葉をかわすことはかなわなかった。

何年ぶりかに練習からはなれ、八戸の実家で母の死と向き合っている間、馨の脳裏《のうり》にはさまざまな思い出がよみがえってきていた。

八戸でレスリングを習っていた子どものころから、つねに試合では「カオリ〜」と声をかけ、てのひらが赤くなるほど拍手《はくしゅ》してくれた母。オリンピックにも毎回かけつけ応援《おうえん》してくれた。高校進学時、愛知《あいち》県にあるレスリング強豪校《きょうごうこう》に通うために家を出たときには、「逃《に》げて帰ってくるなよ。必ずチャンピオンになって帰ってくるんだよ」と力強く見送ってくれた。

馨はふと気づいた。姉妹《しまい》で金メダルをとる夢《ゆめ》は終わったけれど、北京《ペキン》大会を境《さかい》に、「恩返《おんがえ》し」のために連覇を続けたいという強い思いが自分のなかで育っていたことに。自分のレスリングをきたえ上げてくれた監督《かんとく》やコーチ、ともに戦う仲間、ずっと見守ってきてくれた両親……。「孤高《ここう》の絶《ぜっ》対女王《たいじょおう》」と呼《よ》ばれても、馨《かおり》は決してひとりではなかった。周りにはたくさんのあたたかい人々がいる。だからこそ彼女《かのじょ》はがんばることができた。

悲しみにくれながら、馨は新たな力がわいてくるのを感じていた。母の「どんな状況《じょうきょう》でも試合に出ろ！　出るからには勝て！」という激励《げきれい》も脳裏《のうり》にひびいた。お母さんはこれからも私を見守ってくれる。応援《おうえん》してくれる人々のためにも勝ち続けたい。

馨は練習を再開《さいかい》し、母の死からわずか1か月後に開催《かいさい》された全日本選手《せんしゅ》権《けん》で他の選手を圧倒《あっとう》し、「女王ここにあり」をみせつけたのだ。

リオデジャネイロ大会までの間に、馨が「止まった」瞬間《しゅんかん》はもう一度ある。それは2016年1月、ヤリギン国際《こくさい》大会で、モンゴルの無名の新人に0—10という大差で※テクニカルフォール負けをきっしたときだ。2002年から続いてきた不敗記録は、189でストップした。だが、「勝ち負けよ

※レスリングでは、ポイントが10点差以上になった時点で、テクニカルフォールで試合終了《しゅうりょう》となる。

りも、やりたいレスリングを貫《つらぬ》いた自分をほめてやりたい」と、馨のとらえかたは前向きだった。

試合の少し前に考え出した未完成の新技《しんわざ》を、試合でどうしても試《ため》したかったのだ。新しいレスリングを模索《もさく》する中での負けは、次につながる負けだ。「負けなしの女王が、危険《きけん》をおかして新しいレスリングに取り組む必要があるのか？」という記者の質問に馨は答えた。

「今までのレスリングで勝てるかもしれません。でも、それじゃつまらない。何を思って毎日の練習をやりますか？」

32歳《さい》になり、ケガによる欠場や不調、入院などが増え、それまで盤石《ばんじゃく》だった「絶対女王《ぜったいじょおう》」にゆらぎが見えるなか、むかえたリオデジャネイロ大会。馨《かおり》はこの大会で、それまでの3大会では見せなかったしぐさをくり返した。

試合前、必ず天井《てんじょう》を見上げ、何かを念《ねん》じてからマットの中央に進む。

「絶対《ぜったい》金メダルをとるからね。いい試合をするからね。見ていてね」

天国の母へのメッセージだった。

1回戦は11―0のテクニカルフォール勝ち、2回戦は3―1の判定《はんてい》勝ち、準決勝《じゅんけっしょう》は10―0のテクニカルフォール勝ち。数字を見れば

大差だが、実際《じっさい》は苦しい試合だった。

そして決勝戦、ロシアのコブロワゾロボワとの戦いは、それまでのレスリング人生でもっとも〝ブザマ〟な試合となった。

相手に1ポイントをリードされたまま、じりじりと過《す》ぎていく時間。相手は頭や髪《かみ》の毛をつかむなど、さまざまな手段《しゅだん》を使って馨《かおり》の攻《せ》めを防《ふせ》ぎ、馨は思うようにタックルをくり出すことができない。絶対女王《ぜったいじょおう》が、このまま何もできずに終わってしまうのか……。

試合も終盤《しゅうばん》にさしかかったとき、馨がしかけた。それを受けてタックルしてきた相手と激《はげ》しく組み合いながら背後《はいご》に回り、おさえこむ。

残り5秒のところで、馨《かおり》に2ポイントが入った。そのまま終了《しゅうりょう》のブザーが鳴る。

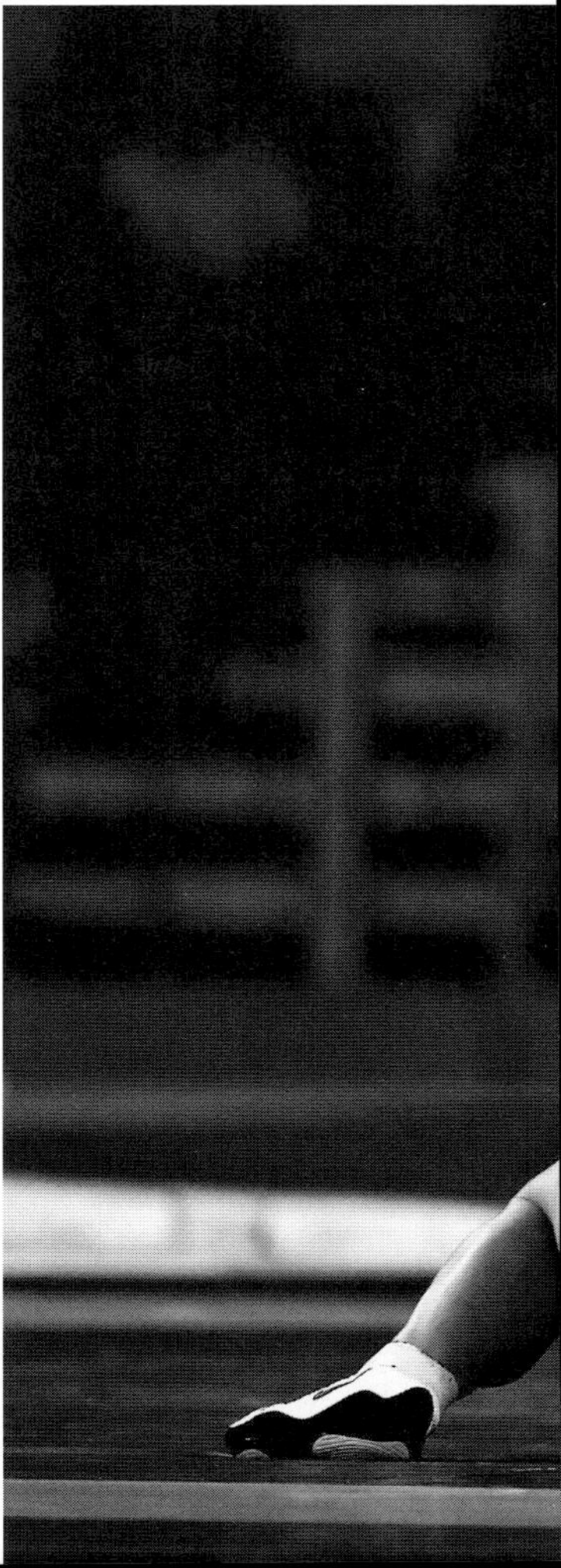

リオデジャネイロ大会決勝。1ポイントをリードされたまま残り30秒。相手につかまれた右足を必死ではずし、バックをねらう。

劇的《げきてき》な逆転《ぎゃくてん》勝利による、前人未到《ぜんじんみとう》の4連覇《れんぱ》達成。

実況席《じっきょうせき》も会場も絶叫《ぜっきょう》につつまれた。

だが、馨《かおり》はきびしい表情《ひょうじょう》をくずさない。いったんマットを降《お》りて大きな日の丸を手わたされ、両手をかかげながら再《ふたた》びマットに上がって歩き始めたとき、その顔にようやく大きな笑顔《えがお》が広がっていった。

馨はこの決勝を、「二度とあんな試合はしたくない」とふり返る。自己採点《じこさいてん》は100点満点中、なんと5点。

だが、応援《おうえん》してくれる人々への恩返《おんがえ》しができた充実感《じゅうじつかん》に、日の丸をかかげた馨の顔は輝《かがや》いていた。

前人未到のさらに先――〝5連覇〟への思いを、伊《い》調馨《ちょうかおり》はいだいていない。だれよりも長く女子レスリング界の頂点《ちょうてん》に君臨《くんりん》してきたが、どれだけやったとしても、現役《げんえき》でいる間に奥深《おくぶか》いレスリングの世界をきわめられるとは思っていないからだ。彼女《かのじょ》の考えるレスリング人生は、もっと長い。現役をはなれてからも、後進《こうしん》の指導者《しどうしゃ》として長くレスリングの世界に身をおき、追求を続けるつもりだ。近い将来《しょうらい》、どこかの道場で、子どもたちにレスリングの楽しさを伝えている姿《すがた》が見られるかもしれない。馨の教えを受けてレスリングの魅力《みりょく》にとりつかれた選手が、日の丸のユニフォームをまとい活躍《かつやく》する日も遠くないだろう。

レスリングは奥深い。いや、どのスポーツも、真剣《しんけん》にきわめようとすればどこまでもその世界は広がっていく。伊調馨の「追い求める姿」が、その世界の果てしなさを教えてくれる。

右ページ・試合直後、劇的《げきてき》な逆転《ぎゃくてん》勝利を決めた伊《い》調馨《ちょうかおり》に笑顔《えがお》はなかった。

2008・2012・2016

Beijing.London.Rio de Janeiro

夏季／北京《ペキン》大会・ロンドン大会・リオデジャネイロ大会

王者が手にした「一番重いメダル」

2016年リオデジャネイロ大会体操《たいそう》男子団体《だんたい》。悲願の金メダルをめざす日本は予選でミスが続き、まさかの4位通過《つうか》。キャプテン内村航平《うちむらこうへい》の団体戦にかける強い思いを知る日本チーム。決勝での巻《ま》き返しが始まった。

体操《たいそう》／男子団体総合《だんたいそうごう》・個人総合《こじんそうごう》

内村航平《うちむらこうへい》選手

２０１２年ロンドンオリンピック体操《たいそう》男子個人総合《こじんそうごう》金メダル。

世界選手権《せんしゅけん》と合わせて個人総合７連覇《れんぱ》中。

「絶対王者《ぜったいおうじゃ》」といわれ、リオデジャネイロ大会でもっとも金メダルに近いとされる選手の一人だった内村航平《うちむらこうへい》だが、まだ手にしていないものがあった。悲願《ひがん》のメダル、それはオリンピック団体戦《だんたいせん》での金メダルだった。


２００４年、アテネオリンピックでの７大会ぶりの体操男子団体金メダルをテレビで見たのは、高１の夏だった。東京の高校に通うため長崎《ながさき》の実家をはなれて一人暮《ぐ》らしをしていたアパートの一室で、日本チームのみごとな演技《えんぎ》を見た。

「ぼくも団体戦でオリンピックに出たい」

団体戦金メダルへの夢《ゆめ》は、このとき始まった。

それ以来「今度は自分たちが金メダルをとりたい」と何度も口にしてき

右ページ・団体《だんたい》決勝の最終種目ゆかでフィニッシュの着地を決め、笑顔《えがお》をみせる内村《うちむら》。

た。団体《だんたい》での金メダルは、ロンドン大会で手にした個人総合《こじんそうごう》での金メダルよりも、もっとほしいメダルだった。

内村《うちむら》は本格的《ほんかくてき》に練習を開始。高校3年のときには全日本ジュニアで優勝《ゆうしょう》するまで力をのばした。その後日本体育大学《にほんたいいくだいがく》に進み、1年生にして大学生の国際《こくさい》大会であるユニバーシアードの日本代表団体チーム入りを果たす。初めて日の丸をつけて戦い、みごと金メダルを獲得《かくとく》。このときの経験が内村の意識《いしき》を大きく変えた。

メンバーにはアテネ大会団体戦金メダリストの水鳥寿思《みずとりひさし》や、のちに2008年北京《ペキン》大会でともに団体戦銀メダリストとなる坂本功貴《さかもとこうき》、2012年ロンドン大会でキャプテンをつとめる田中和仁《たなかかずひと》もいた。みな、合宿《がっしゅく》でのきびしい練習に近寄《ちかよ》りがたいほどの集中力でのぞんでいた。メンバーの団体戦に取り組む強い姿勢《しせい》に内村は圧倒《あっとう》される。

合宿、大会を通して、ともに練習し、ともに戦い、喜びやくやしさを分かち合うことの尊《とうと》さも知った。

2008年北京大会。内村は19歳《さい》にして初めてのオリンピック代表に選ばれた。手首を痛《いた》めていたものの、鉄棒《てつぼう》でいい演技《えんぎ》をして貢献《こうけん》し、あこがれていた団体戦での銀メダルを獲得した。個人総合でも最初のあん馬《ば》で2度落下するミスをしたが、最後まであきらめず、銀メダルに輝《かがや》いた。

翌年《よくねん》から内村は、個人総合での連覇《れんぱ》街道《かいどう》を進み始める。

2009年、2010年、2011年の世界選手権《せんしゅけん》で3年連続優勝。

しかし、団体戦では中国《ちゅうごく》に敗れ銀メダルが続いた。

2012年のロンドン大会でこそ、団体戦金メダルがほしい。

内村はキャプテンとしてオリンピックにのぞんだ。

オリパラクイズ. 15

オリンピックに出場した日本選手のうちで、これまで最も多くの金メダルを獲得《かくとく》したのは、1968年メキシコシティー大会から1976年モントリオール大会までの３大会に出場した体操《たいそう》男子の加藤《かとう》澤男《さわお》選手です。加藤選手は３大会で何個《こ》の金メダルを獲得したでしょうか？

① 6個　② 8個　③ 10個

（答えは次のページ）

しかし、予選ではミスが続き、日本は5位通過《つうか》。決勝では5種目を終わって2位につけたが、最終のあん馬《ば》で大きなミスがあり、内村《うちむら》も着地でバランスをくずした。

最終的になんとか銀メダルを獲得《かくとく》したが、喜びよりくやしさが残った。

「4年前と同じだった。4年前もこの銀メダルを見つめて、中国《ちゅうごく》の金メダルをうらやましく見ていたのを思い出しました」

団体戦《だんたいせん》金メダルの夢《ゆめ》は、また4年後へと持ちこされた。

リオデジャネイロ大会に向け、日本体操《たいそう》男子はさらに力をつけた。絶対《ぜったい》的《てき》エース内村に加えて、新たなヒーロー白井健三《しらいけんぞう》が躍進《やくしん》してきたのだ。

2014年の世界選手権《せんしゅけん》ではわずか0・1ポイント差で中国に敗れたが、2015年にはついに世界選手権の団体戦で37年ぶりに優勝《ゆうしょう》を手にした。

夢《ゆめ》は近づいてきた。このメンバーなら十分可能性《かのうせい》はある。

139ページの答え　②　8個《こ》

加藤澤男《かとうさわお》選手は1968年メキシコシティー、1972年ミュンヘン、1976年モントリオールの３大会に出場し、団体総合《だんたいそうごう》３個、個人総合《こじんそうごう》２個、種目別３個（平行棒《へいこうぼう》２、ゆか1）、計８個の金メダルを獲得《かくとく》しました。このほか、銀メダル３個、銅《どう》メダル1個を獲得しています。

周囲の期待も高まってきた。

２０１６年８月６日。

リオデジャネイロ大会２日目。男子体操《たいそう》の予選が始まった。

日本は１位通過を想定していた。予選の順位によって決勝の種目の演技《えんぎ》順《じゅん》が決まるが、トップで通過すればゆかからスタートして鉄棒《てつぼう》で終える戦いやすい順となり、有利と考えていた。

しかし、シナリオどおりにはいかなかった。最初のあん馬で田中佑典《たなかゆうすけ》が落下。平行棒でまたも田中と山室光史《やまむろこうじ》が落下。ミスはミスをよび、内村が得意種目の鉄棒の離《はな》れ技《わざ》でバーをつかめずまさかの落下。白井健三まで得意のゆかでミスが目立った。

結局、日本は１位中国と１・167の差でまさかの４位通過。苦手《にがて》のあん馬から始まり、最後は体力を使う鉄棒とゆかが休憩《きゅうけい》なしで続くというきびし

オリパラクイズ.16

白井健三《しらいけんぞう》選手は、リオデジャネイロ大会の種目別跳馬《ちょうば》で新技《しんわざ》を成功させて銅《どう》メダルを獲得《かくとく》し、この技は「シライ２《ツー》」と命名されました。「シライ２」とは次のどの技のことでしょうか？

① 伸身《しんしん》ユルチェンコ３回ひねり　② 伸身ユルチェンコ３回半ひねり

③ 伸身カサマツとび２回ひねり

（答えは148ページ）

いローテーションとなった。

金メダルの夢《ゆめ》に暗雲が立ちこめた。

「みんなリラックスしていたと思うけど、どこかで『オリンピックなんだ』という意識《いしき》が出たのかな。そういうミスだと思う」

しかし、「みんな原因《げんいん》は分かっている。そこがロンドンと違うところ」と気持ちを切りかえた。

2日後の8月8日。いよいよ団体戦《だんたいせん》決勝だ。日本はあん馬《ば》から始まる。1番手の内村《うちむら》がいい演技《えんぎ》をしたものの、2番手の山室《やまむろ》が落下。日本は6位スタートとなった。

続くつり輪《わ》では3人とも大きなミスなく、山室もあん馬

の失敗を取り返すいい演技をし、5位に順位を上げた。チームの巻《ま》き返しが始まった。

3種目めの跳馬《ちょうば》では、安定した演技で加藤凌平《かとうりょうへい》が15点を出すと、内村が「リ・シャオペン」の大技《おおわざ》で高得点をマーク。いい流れができるとそれを加速したのが白井《しらい》だ。自らの名前のつく「シライ／キム・ヒフン」を完璧《かんぺき》に決め、内村を超《こ》える15・633の高得点。これで一気にロシアに次ぐ2位に浮上《ふじょう》した。

4種目めの平行棒《へいこうぼう》のトップバッターは予選で落下した田中《たなか》。大舞台《おおぶたい》に弱いとされてきた田中はピタッと決まる倒立姿勢《とうりつしせい》など美しい演技で15・900の高得点。加藤、内村も15点台を出

右ページ・山室《やまむろ》は得意とするつり輪《わ》で本来の力を発揮《はっき》した。
左・田中《たなか》は平行棒《へいこうぼう》で完璧《かんぺき》な演技《えんぎ》をみせ、高得点をマークした。

し、首位ロシアとの差を1・3まで縮《ちぢ》めた。最大のライバルと考えていた中国《ちゅうごく》はミスが続き、出おくれていた。

残る種目は、日本の得意とする鉄棒《てつぼう》とゆかだ。

鉄棒では、加藤《かとう》、内村《うちむら》、田中《たなか》の3選手が安定感のある演技《えんぎ》で15点台をマーク。ついにロシアをぬいてトップにおどり出た。とはいえ点差はわずか0・208。

最終種目ゆかの1番手は白井《しらい》。予選では思わぬミスをした白井は高難度《こうなんど》の技《わざ》を次々と成功させ、16・133点という驚《おどろ》くような高得点をたたき出した。続く加藤も自分の力を出しきる。

最後はエース内村。ほぼミスなく終えるとガッツポーズをした。

総合《そうごう》274・094点。

ロシアのゆかの演技を待つ。全員で肩《かた》を組み、祈《いの》るような表情《ひょうじょう》で電光掲《けい》示《じ》盤《ばん》を見つめる。

ロシアの点はのびずに総合271・453点。

電光掲示盤に確定《かくてい》の順位が表示された。

1位 JAPAN《ジャパン》（日本）。

その瞬間《しゅんかん》、チーム全員でこぶしを突《つ》き上げた。輪になり、飛びはねながら喜び合う。やった！ ついに悲願の金メダルだ！

内村が12年間こだわってきた団体戦《だんたいせん》の金。ずっとこの瞬間を夢《ゆめ》見てきた。

ただ一人、6種目すべてを任《まか》され、キャプテンとしてチームをひっぱって

右ページ・白井《しらい》は跳馬《ちょうば》とゆかで観客を驚《おどろ》かせる高難度《こうなんど》の技《わざ》を成功させた。

左・加藤《かとう》は出場した５種目すべてで安定した演技《えんぎ》をみせた。

内村《うちむら》は団体戦《だんたいせん》6種目すべてに出場し、キャプテンとしてチームを金メダルに導《みちび》いた。写真は鉄棒《てつぼう》の演技《えんぎ》。

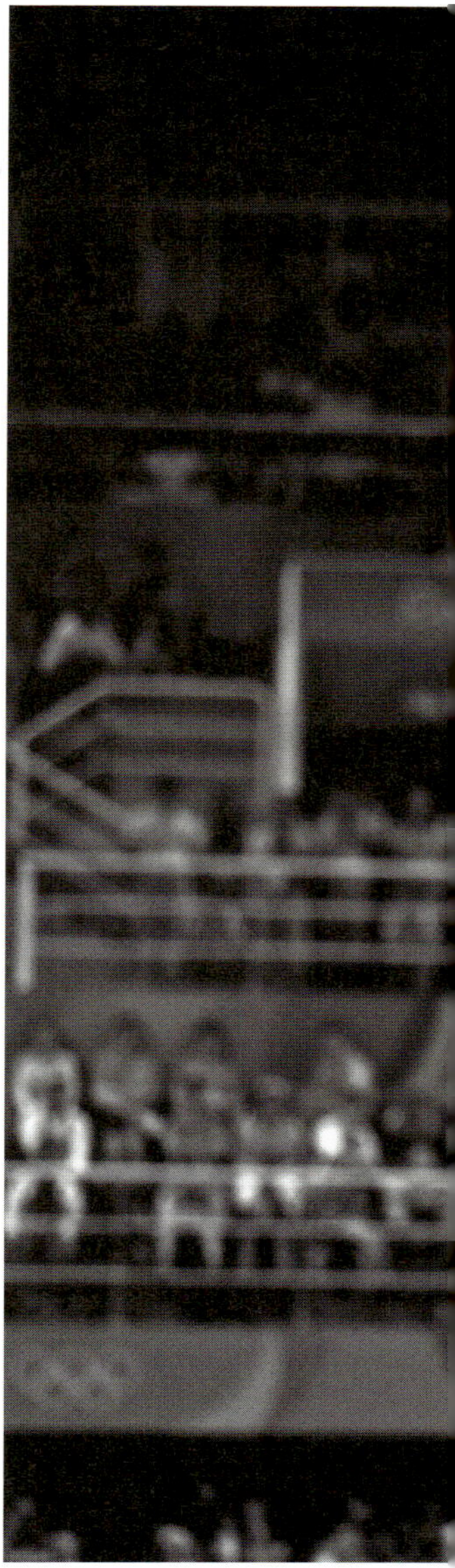

きた内村《うちむら》は、輪の中で心から笑った。こみあげてくる思いをみんなと分かち合った。表彰台《ひょうしょうだい》では、みな満面の笑顔《えがお》ながら、目はうるんでいた。

オリンピック、世界選手権《せんしゅけん》を合わせて、内村が手にした金メダルは12個《こ》目。でもこのメダルは格別《かくべつ》だった。

「めちゃめちゃ重たい。北京《ペキン》、ロンドンとメダルをとってきて一番重たい」

「表彰台で君《きみ》が代《よ》を『声が裏返《うらがえ》るまで歌おう』ってみんなで言って。大きな声で歌えてうれしかった」

内村《うちむら》には、2日後、もうひとつの戦いが待っていた。2連覇《れんぱ》をかけた個《こ》人総合《じんそうごう》だ。

勝ち続けている王者といっても、今回は全種目に出場した団体戦《だんたいせん》の疲《つか》れがある。一方、予選1位通過《つうか》のウクライナのオレグ・ベルニャエフは22歳《さい》と若《わか》く、しかも団体戦に2種目しか出場せず力を温存《おんぞん》している。

個人総合の決勝は、内村とベルニャエフの一騎打《いっきう》ちとなった。二人の金メダル争いは、ともにミスの少ないハイレベルでスリリングな戦いがくり広げられた。

1種目めは得意のゆか。内村は15・766の得点で2位。

続くあん馬《ば》で内村は1位に浮上《ふじょう》。しかし、3種目めのつり輪《わ》でベルニャエフが1位に上がり、内村は3位に落ちる。

4種目めの跳馬《ちょうば》ではリ・シャオペンを決め、15・566を出すも、ベルニャ

141ページの答え　②伸身《しんしん》ユルチェンコ3回半ひねり

体操競技《たいそうきょうぎ》の技《わざ》の多くは、最初に国際《こくさい》大会で成功させた選手の名前がつけられています。「シライ2《ツー》」は、「シライ／キム・ヒフン」（伸身《しんしん》ユルチェンコ3回ひねり）に、さらに半ひねりを加えた難度《なんど》の高い技です。

エフは1位をキープ。内村は2位に上がった。

残すは平行棒《へいこうぼう》と鉄棒《てつぼう》だ。平行棒はベルニャエフの得意種目。ここで差は広がり、0・901と大差になってしまった。最後の鉄棒で1点近い差をつけて勝たなくてはならない。内村の得意種目とはいえ、少しのミスも許《ゆる》されない。

だが内村は、プレッシャーを感じさせない高く美しい離《はな》れ技《わざ》を見せ、最後はぴたりと着地を決めた。ほぼ完璧《かんぺき》な演技《えんぎ》だった。実は鉄棒の演技の途《と》中《ちゅう》、「エンドウ」という腰《こし》を曲げる技でぎっくり腰になっていた。痛《いた》みをこらえながらの着地だった。

15・800の高得点。この結果、わずか0・099の差で内村の逆転《ぎゃくてん》金メダルが決まった。個人総合の2連覇《れんぱ》は、1972年ミュンヘン大会の加藤澤男《かとうさわお》以来、なんと44年ぶりの快挙《かいきょ》だった。

競技《きょうぎ》後《ご》、メダリストがそろった会見で、内村《うちむら》はベルニャエフをたたえた。

「次にオレグ選手と試合をして勝てる自信はもうありません」

その後、内村に対し失礼な質問《しつもん》が飛んだ。

「あなたは審判《しんぱん》に好かれているんじゃないですか？」

「そうは思ってない。公平にジャッジをしてもらっている」

内村が答えたあと、ベルニャエフが言い放った。

「スコアはフェアで神聖《しんせい》なものとみんな知っている。航平《こうへい》さんはキャリアの中でいつも高い得点をとっている。それはむだな質問だ」

わずかな差で最後に逆転《ぎゃくてん》負《ま》けしたにもかかわらず、内村の代わりに記者に怒《おこ》ったベルニャエフ。勝負のあと、おたがいをリスペクト（尊敬《そんけい》）し合うメダリストたちに、多くの称賛《しょうさん》が寄《よ》せられた。

個人総合《こじんそうごう》のメダリストたち。内村《うちむら》をはさんで銀メダルのベルニャエフ(右)と銅《どう》メダルのウィットロック(イギリス・左)。

コラム

大金星はまぐれじゃない！
7人制《せい》ラグビー日本代表

「決勝トーナメントに進出して、ぜひメダルを獲得《かくとく》したい」

これは、リオデジャネイロ大会を前にしての、7人制《せい》ラグビー日本代表の宣言《せんげん》だった。

1900年のパリ大会から1924年のパリ大会にかけて15人制で実施《じっし》されたラグビー競技《きょうぎ》が、リオデジャネイロ大会で7人制ラグビーとして正式競技に復活《ふっかつ》した。

日本ラグビーは近年急激《きゅうげき》に実力をのばし、2015年には15人制ラグビーのワールドカップで、世界屈指《くっし》の強豪《きょうごう》南アフリカに勝利して世界中を驚《おどろ》かせたばかり。この勝利が「まぐれ」でないことを証明《しょうめい》するために、日本チームはリオデジャネイロで大暴《おおあば》れする気まんまんだった。

初戦の相手は世界ランキング3位のニュージーランド。15位の日本にとっては、勝ち目のうすい戦いに見えたが、前半3分にいきなり先制《せんせい》トライを決めたのは日本だ。その後、逆転《ぎゃくてん》につぐ逆転の接戦《せっせん》を制《せい》して大金星をあげ、世界をアッと言わせた。同じく強豪のイギリスとの対戦ではおしくも敗れたが、最後までくらいつく好試合をくり広げて喝采《かっさい》をあび、その後ケニア、フランスを相手に堂々たる勝利を重ねた。

準決勝《じゅんけっしょう》でフィジーに、3位決定戦で南アフリカに敗れ、残念ながらメダルにはとどかず4位に終わったが、その戦いぶりは世界で注目の的となり、大会の盛《も》り上がりに大きな華《はな》をそえた。

もう「ラグビー弱小国《じゃくしょうこく》」とは言わせない。次の大会で、日本は確実《かくじつ》にメダルをつかみに行く。

写真・3位決定戦で南アフリカと戦う日本チーム。

2012・2016

London.Rio de Janeiro

夏季／ロンドン大会・リオデジャネイロ大会

姉《ねえ》ちゃんの金メダル

「姉でお願いします」
表彰式《ひょうしょうしき》のあと、
一人だけが観客席から試合フロアに降《お》りられる。
田《た》知《ち》本《もと》遥《はるか》は迷《まよ》うことなく姉の愛《めぐみ》を指名し、
金メダルをその首にかけた。

柔道《じゅうどう》／女子70kg級

田《た》知《ち》本《もと》 遥《はるか》選手

リオデジャネイロの畳《たたみ》の上に田知本遥《たちもとはるか》はいた。柔道《じゅうどう》女子70キロ級の初戦の相手は中国《ちゅうごく》の選手。合《あ》わせ技《わざ》一本であぶなげなく勝利した。だが2回戦の相手は最大のライバル、オランダのポーリングだ。

田知本はリオデジャネイロオリンピックに出場する男女14階級《かいきゅう》の日本選手のうちで、ただ一人シード権《けん》をもっていなかった。シード権は、過去《かこ》2年間の国際《こくさい》大会での成績《せいせき》に応じて、各階級の上位8人だけにあたえられる。シード権があれば、初戦や2回戦で強豪《きょうごう》選手と当たることは少ない。シード権1位と2位の選手は決勝まで当たらない組み合わせになるのだ。

2回戦で当たったポーリングは第1シードだった。思ったとおり強かった。開始7秒で有効《ゆうこう》をうばわれてしまう。だが田知本は冷静《れいせい》だった。あせらずに戦えば、絶対《ぜったい》に投げ返せるという自信があった。不利な場面から逆転《ぎゃくてん》する練習を何度も行ってきたからだ。ねばり強く攻《せ》め続け、有効をとり返す。

右ページ・リオデジャネイロ大会の表彰式《ひょうしょうしき》で金メダルを見せる田知本遥《たちもとはるか》。

試合は延長《えんちょう》に入る。二人の戦いは死闘《しとう》となった。田知本《たちもと》は鼻血を出し、止血のために試合が中断《ちゅうだん》する。そして延長1分33秒、大外刈《おおそとが》りで田知本が有効《ゆうこう》をうばい、激《はげ》しかった戦いはようやく幕《まく》を閉《と》じた。

富山《とやま》県に生まれた田知本遥《たちもとはるか》は小学校2年のときに、2歳《さい》上の姉・愛《めぐみ》とともに近くの柔道《じゅうどう》教室に通い始めた。週に2回という軽いペースで、練習熱心だったわけではない。むしろ柔道がいやだったのだ。何度もやめたいと思った。続けることができたのは、姉といっしょだったからだ。

卒業の時期になり、中学生になったら陸上競技《きょうぎ》をやりたいと考えるようになった。遥は足が速かったのだ。だが柔道部に入る道が父によってすでに敷《し》かれていて、入部しないわけにはいかなくなっていた。あまり気が進まなかったが、柔道部に姉がいることが遥の背中《せなか》をおした。

ところが、遥は1年のときに、いきなり全国大会で3位に入る。徹底的《てっていてき》に寝技《ねわざ》を練習したことや、男子といっしょにトレーニングしたことが彼女《かのじょ》を強くしていた。遥は柔道を続けていこうと決めた。

高校1年のときには、姉とともにインターハイなどの全国大会に出場。同じチームで戦う団体戦《だんたいせん》で優勝《ゆうしょう》した。

小学生のときから同じ道を歩んできた田知本遥と姉の愛は、畳《たたみ》の上でいっしょに汗《あせ》を流し、練習のきびしさや勝利の喜びをともに味わうことで、ふつうの姉妹《しまい》以上に心が通い合うようになっていた。

二人は２０１２年のロンドンオリンピック代表をめざした。

「いっしょにオリンピックへ行こう！」

そう言いながらきつい練習にはげんだ。そして代表選考会をかねた２０１２年5月の全日本選抜《せんばつ》体重別で、妹の遥は初優勝をかざり、70キロ級の代表に選ばれた。

オリパラクイズ.17

リオデジャネイロ大会柔道《じゅうどう》女子52kg級で優勝《ゆうしょう》したマイリンダ・ケルメンディ選手の偉業《いぎょう》は、「歴史的な金メダル」と世界で称賛《しょうさん》されました。ケルメンディ選手はどこの国の代表選手でしょうか？

①ブラジル　②アルバニア　③コソボ

（答えは次のページ）

次は姉の番だった。78キロ超《ちょう》級には山部《やまべ》佳苗《かなえ》、杉本《すぎもと》美香《みか》、塚田《つかだ》真希《まき》などの有力選手がひしめき合う。そのなかで田知本《たちもと》愛《めぐみ》は世界ランキング1位の座《ざ》にいた。ところが、姉は準決勝《じゅんけっしょう》で敗れてしまったのだ。ぼうぜんとする姉を見た遥《はるか》は、「もし自分が逆《ぎゃく》の立場だったら」と考えた。

「もしそうだったら、何も言わずそっとしておいてほしいと思うにちがいない」

妹は、あえて姉に声をかけなかった。

仲のいい姉妹《しまい》の明暗が、はっきりと分かれた。勝負はつねに非情《ひじょう》だ。

ロンドン大会に出場した遥は、準々決勝《じゅんじゅんけっしょう》で敗れて敗者復活戦《ふっかつせん》にまわったが、そこでも敗退《はいたい》。メダル獲得《かくとく》はならなかった。翌《よく》2013年の世界選手権《せんしゅけん》でも初戦敗退。不調の時期が続いた。

2014年、東海《とうかい》大学時代の先輩《せんぱい》である井上康生《いのうえこうせい》や塚田真希がかつて留《りゅう》

155ページの答え　③コソボ

2008年にセルビアから独立《どくりつ》したコソボは2012年ロンドン大会では参加が認《みと》められず、ケルメンディ選手はアルバニア代表として出場しました。リオデジャネイロ大会で初めて参加が認められたコソボは8人の選手を派遣《はけん》し、ケルメンディ選手が祖国《そこく》に初の金メダルをもたらしました。

学《がく》していたイギリスへ行くことにした。バーミンガムとスコットランドで自炊《じすい》をしながら柔道場《じゅうどうじょう》をまわった。

イギリスの柔道場では、みんな仕事をしながら一生懸命《いっしょうけんめい》に時間をつくり、柔道をやっていた。いくらいそがしくても、稽古《けいこ》しにやってくる。

いつでも柔道ができるめぐまれた環境《かんきょう》にいる自分とはちがい、ここでは柔道をする時間をつくるところから努力しなくてはならない。なのに、みんなの顔は明るくいきいきとしている。遥は自分のあまさに気づいた。

2012年ロンドン大会で試合にのぞむ田知本遥《たちもとはるか》。試合中の負傷《ふしょう》もあり、メダル獲得《かくとく》はならなかった。

「時間と場所をあたえられている自分は、柔道《じゅうどう》に対してもっと真剣《しんけん》に取り組まなくてはいけない」

やっと前を向くことができたと思った田知本遥《たちもとはるか》を、思わぬアクシデントがおそう。

2015年2月、ドイツで行われる国際《こくさい》大会の直前に風邪《かぜ》をひいたため、薬を飲んだ。それは柔道連盟《れんめい》からわたされていたものではなく、市販《しはん》の風邪薬だった。その薬にドーピング違反《いはん》になる物質が入っていたのだ。

そのことに気づいた遥は、コーチに相談して試合を欠場した。もし試合に出てしまい、ドーピング検査《けんさ》で陽性《ようせい》になったら、過去《かこ》の成績《せいせき》は取り消され、2年間の出場停止《ていし》になる。オリンピックどころではない。

あやういところでドーピング違反にならずにすんだ。だが、連盟からは警告処分《けいこくしょぶん》が言いわたされた。遥の大きなミスだった。監督《かんとく》やコーチなど自分を支《ささ》えてくれた人たちに大きな迷惑《めいわく》をかけることになってしまった。コーチからは「意識《いしき》が低い！」と言われた。

遥の心は折《お》れそうになっていた。

そんなときに声をかけてくれたのは姉だった。きびしくしかられた。だが、それ以上に元気をくれる。練習のときにはいつも姉がいて、アドバイスをしてくれた。

どれだけ柔道が好きか、そして姉が好きかが、はっきりとわかった。

2016年、リオオリンピックの代表選考が始まる。4年前と同じように姉妹《しまい》ははげまし合った。

「今度こそいっしょにオリンピックへ行こうね」

すべり出しは順調にみえた。2月のグランドスラムで姉は優勝《ゆうしょう》した。この大会で妹は2位だったが、4月の全日本選抜《せんばつ》体重別で優勝し、70キロ級

オリパラクイズ.18

リオデジャネイロ大会の男子柔道《じゅうどう》で、7階級《かいきゅう》すべてに出場した日本は何個《こ》のメダルを獲得《かくとく》したでしょうか？

① 5個　② 6個　③ 7個

（答えは次のページ）

で2度目のオリンピック代表の座《ざ》をつかんだ。

78キロ超《ちょう》級のオリンピック代表を決めるのは全日本女子選手権《せんしゅけん》である。姉の田知本愛《たちもとめぐみ》は、代表にもっとも近いと言われていた。決勝の相手はライバルの山部佳苗《やまべかなえ》。国際《こくさい》大会では愛の成績《せいせき》が上回っている。

試合が始まった。たがいに攻《せ》め手を欠き、ポイントをとれないまま時間が過《す》ぎた。そして残り50秒で異変《いへん》が起きた。愛がたおれ、立ち上がれなくなってしまったのだ。そこを山部がおさえこんで勝った。担架《たんか》で運ばれる田知本愛は、涙《なみだ》を流しながら小さな声で「すみません」と言い、そのまま入院した。ひざのじん帯《たい》をいため、全治2か月と診断《しんだん》された。

試合後に行われた78キロ超級の代表選考は、すんなりとはいかなかった。試合で勝ったのは山部だが、国際大会で実績《じっせき》のある田知本愛を選ぶべきだという意見もあった。話し合いには時間がかかった。結局、代表に選ばれたのは山部佳苗だった。

159ページの答え ③ 7個《こ》

73kg級の大野将平《おおのしょうへい》選手と90kg級のベイカー茉秋《ましゅう》選手が金メダル、そのほか銀メダル1個、銅《どう》メダル4個と、男子は7階級《かいきゅう》すべてでメダルを獲得《かくとく》しました。また、女子は同じく7階級で金メダル1個、銅メダル4個を獲得しました。

その結果は田知本遥《たちもとはるか》にも伝えられた。妹はがく然とした。試合で負けたとはいえ、それはケガのせいだ。強いのは姉だ。姉は日本一なんだ。

妹の目から大つぶの涙《なみだ》がこぼれた。号泣《ごうきゅう》しながらさけんだ。

「何でですか！　どうしてだめなんですか！」

いくら大きな声で言っても決定がくつがえらないことはわかっている。

でも、言わずにはいられなかった。

4年前と同じだった。オリンピックにはまた妹だけが行く。


姉は代表落選のショックをかくし、妹を支《ささ》えた。あたたかい言葉ではげましてくれる。だまってグチを聞いてくれる。とまどうほど優《やさ》しかった。

遥がリオに入ったあとは、電話ではげましてくれた。

大会1か月前には、姉が友人と作った日めくりカレンダーがとどいた。

そこには手書きのメッセージがあった。

オリパラクイズ.19

2020年東京《とうきょう》大会では、柔道競技《じゅうどうきょうぎ》に新種目「混合団体《こんごうだんたい》」が加わることになりました。混合団体では、男女それぞれ何人でチームを構成《こうせい》するでしょうか？

①２人　②３人　③４人

（答えは164ページ）

「自分が行けなかった理由があるとしたら、それは遥《はるか》のサポートをすること」

「自分の力を信じて、がんばって」

「一番近くでみていて、あなたは成長した。大丈夫《だいじょうぶ》」

リオデジャネイロ大会柔道《じゅうどう》女子70キロ級。2回戦の死闘《しとう》をしのいだ田《た》知本遥《ちもとはるか》は、その疲《つか》れを

リオデジャネイロ大会の決勝戦でアルベアル（コロンビア）と対戦した田知本遥《たちもとはるか》は、相手の背負《せお》い投げを返すと、そのままおさえこんだ。

引きずったまま準々決勝《じゅんじゅんけっしょう》にいどんだ。再《ふたた》び延長《えんちょう》にもつれこんだが、技《わざ》ありで勝利。

準決勝《じゅんけっしょう》は得意の左大外刈《おおそとが》りで圧勝《あっしょう》した。

むかえた決勝の相手は世界チャンピオン、コロンビアのアルベアルだ。

先に有効《ゆうこう》をとられたのは遥だったが、そのときのアルベアルの気持ちのゆるみを見のがさなかった。背負《せお》い投げを返して有効をうばうと、そのまま横四方固《よこしほうがた》めでおさえこんだ。必死だった。絶対《ぜったい》にはなさないと決め、心の中でつぶやいた。

「あと5秒……あと5秒……」

観客席では、姉が目を真っ赤にして妹の試合を見つめていた。

観客席で妹の試合を見守る田知本愛《たちもとめぐみ》（左から2人目）。

表彰台《ひょうしょうだい》のいちばん高いところで金メダルをかけてもらった田知本遥《たちもとはるか》は、輝《かがや》くメダルを見つめながら、優《やさ》しく支《ささ》えてくれた姉のことを思った。

「これは姉《ねえ》ちゃんの金メダル」

表彰式が終わるとスタッフから、誰《だれ》か一人だけ試合フロアに呼《よ》んでいいと言われた。

「姉でお願いします」

迷《まよ》うことなく指名した。

「心臓《しんぞう》が飛び出るかと思ったけど、本当にうれしい。おめでとう！」

そう言う姉に金メダルをかけると、姉の笑顔《えがお》から涙《なみだ》がこぼれた。泣きじゃくる姉といっしょに、妹も泣いた。

161ページの答え　②３人

柔道《じゅうどう》の混合団体《こんごうだんたい》では、男女それぞれ３人の計６人でチームを構成《こうせい》します。男子は73kg級、90kg級、90kg超《ちょう》級の３人、女子は57kg級、70kg級、70kg超級の３人が予定されています。

コラム

感動をよんだ助け合い
ハンブリン選手とダゴスティーノ選手

リオデジャネイロ大会、陸上女子５０００メートル予選でのこと。ニュージーランドのニッキ・ハンブリンとアメリカのアビー・ダゴスティーノの足が接《せっ》触《しょく》し、ともにたおれた。

「なぜ地面にいるのかわからなかった」

というハンブリン。

そのとき肩《かた》に手をあて、声をかけてくれる選手がいた。先に立ち上がったダゴスティーノだ。

「さあ、立って。最後まで走らなきゃ。オリンピックなんだから」

気を取り直して起き上がり、走りだしたハンブリン。ところが、はげましてくれた相手がついてこない。ダゴスティーノは足を痛《いた》め、再《ふたた》びうずくまっていた。今度はハンブリンが手をさしのべた。

「あなたが『立って、走って』と言ってくれたんじゃない。走らなきゃ」

二人は助け合い、はげまし合いながら進む。だが、ダゴスティーノはうまく走れない。「先に行って」と促《うなが》されたハンブリンはやむなく先にゴールし、彼女《かのじょ》を待った。

結局、ダゴスティーノも足を引きずりながら完走。最下位でゴールすると、二人は涙《なみだ》ながらにだき合う。観衆《かんしゅう》は大きな声援《せいえん》をおくった。このときが初対面という二人のドラマには、「真のオリンピック精神《せいしん》だ」と多くの称賛《しょうさん》がよせられた。

その後大会主催者《しゅさいしゃ》により、二人の決勝進出が認《みと》められるという粋《いき》なはからいがあった。

写真・ハンブリン（左）とダゴスティーノ（右）のフェアプレーは大きな感動を生んだ。

2004・2008・2012・2016

Athens.Beijing.London.Rio de Janeiro

夏季／アテネ大会・北京《ペキン》大会・ロンドン大会・リオデジャネイロ大会

ありったけの感謝《かんしゃ》をバーベルに

ウエイトリフティングを始めて
わずか3年で
オリンピック出場を果たし、
メダリストにもなった三宅宏実《みやけひろみ》。
4度目のオリンピックとなる
リオデジャネイロ大会では、
腰《こし》やひざの痛《いた》みとたたかいながら、
一発にかける思いで試合にのぞんだ。

ウエイトリフティング／女子48kg級

三宅宏実《みやけひろみ》選手

1964年東京《とうきょう》大会で日本の金メダリスト第1号となり、日本選手たちを勇気づけ、国民の熱気に火をつけたのがウエイトリフティングの三宅義信《みやけよしのぶ》だ。重いバーベルを力強くかかげる三宅の姿《すがた》は、日本選手活躍《かつやく》のシンボルとなった。

次の1968年メキシコシティー大会には、もう一人の三宅も登場した。義信の弟、義行《よしゆき》だ。兄弟は同じ階級《かいきゅう》に出場し、兄は2連覇《れんぱ》を達成、弟も銅《どう》メダルを獲得《かくとく》。兄弟が個人《こじん》種目で同じ表彰台《ひょうしょうだい》に上がったのは、日本で初めてだった。

時が経《た》って、2000年。テレビに映《うつ》るシドニー大会の開会式を、目を輝《かがや》かせて見つめている少女がいた。中学3年のその少女は、それまでオリンピックにほとんど興味《きょうみ》をもっていなかったが、開会式の華《はな》やかなようすにすっかり魅《み》せられていた。次に目にした

右ページ・リオデジャネイロ大会、勝負をかけた107キロをあげた瞬間《しゅんかん》、三宅宏実《みやけひろみ》は満面の笑みをはじけさせた。左・三宅義信《みやけよしのぶ》(左)・義行《よしゆき》(右)兄弟。1968年メキシコシティー大会ではそろってメダルを獲得《かくとく》した。

のは、女子のウエイトリフティング競技《きょうぎ》。オリンピックで女子のウエイトリフティングが行われるのは、シドニー大会が初めてだった。さまざまな体格《たいかく》の女子選手が、決意の表情《ひょうじょう》で重いバーベルをピタリとあげてみせる。

「女性《じょせい》でもウエイトリフティングができるんだ……」

実は、少女にとってウエイトリフティングは遠い存在《そんざい》ではなかった。兄も、父も、そして伯父《おじ》もウエイトリフティングの選手だったからだ。ただ、幼《おさな》いころからくり返し見せられてきた競技の男性的《だんせいてき》なイメージから、自分とウエイトリフティングを結びつけたことはそれまで一度もなかった。だが、シドニー大会で重いバーベルにいどむ女子選手を見たこのとき、少女のなかで大きな変化がおきた。

「私もオリンピックに出たい！　この競技でオリンピックをめざしたい！」

これは、それまで自分が何をしたいのかわからずに生きてきた彼女《かのじょ》が、初めていだいた将来《しょうらい》の夢《ゆめ》でもあった。

父は最初、大反対した。競技のきびしさ、選手生活のつらさをよく知っているからだ。しかし、娘《むすめ》の決意がゆるがないと知ると、一度試みさせてみることにした。

鉄のかたまりを床《ゆか》から頭上まで持ち上げるのは想像《そうぞう》以上にたいへんで、少女は少し不安になった。だが、そばにいた父は、初めてバーベルをあげる娘の姿《すがた》に目を見張《みは》っていた。幼いころから競技を見ているうちに、知らず知らず競技のコツをイメージできていたのだろうか……。父が高校時代に初めてあげた42・5キロを、体重45・6キロしかない娘が初日にあげてしまったのだ。

「この子はすごいセンスをもっている……。もしかしたら、世界と戦えるかもしれない」

そう感じた父は言った。

「途中《とちゅう》で逃《に》げ出すことは絶対《ぜったい》に許《ゆる》さない。やるのなら、金メダルをめざす

オリパラクイズ.20

1964年の東京《とうきょう》大会当時、ウエイトリフティング競技《きょうぎ》には、スナッチ、ジャークのほかにプレスという種目があり、選手は全部で９回の試技《しぎ》を行いました。この大会のフェザー級で金メダルを獲得《かくとく》した三宅義信《みやけよしのぶ》選手は、９回の試技のうち何回を成功させたでしょうか？

①７回　②８回　③９回

（答えは172ページ）

ぞ！」
少女――三宅宏実《みやけひろみ》にとっての、伯父《おじ》・三宅義信《みやけよしのぶ》、父・三宅義行《みやけよしゆき》に続く、メダルをかけたウエイトリフティング人生が始まった。

「トップアスリートに勝つには、練習量で勝負だ」

これが父・義行の持論《じろん》だった。大学１年のときに東京《とうきょう》オリンピック出場をのがした自身の反省から得た教訓《きょうくん》だ。言葉どおり、父と娘《むすめ》はくる日もくる日も練習に明けくれた。父のトレーニングはきびしかったが、自分でやると決めたことだ。宏実も弱音をはかず、あたえられる課題をひとつひとつクリアしていった。

二人三脚《ににんさんきゃく》の努力は、おもしろいように結果にあらわれた。高校１年で高校王者となり、高校２年で世界選手権《せんしゅけん》に初出場。翌《よく》２００３年には全日本選手権で優勝《ゆうしょう》し、日本一になる。そしてその翌年《よくねん》に待っていたのがアテネオリンピック。競技《きょうぎ》を始めて3年で、宏実は夢《ゆめ》の舞台《ぶたい》へたどり着いたのだ。だが、競技生活での本当の試練が始まったのは、そこからだった。

アテネへ出発する1か月前に腰《こし》を痛《いた》めて一時は練習もできない状態《じょうたい》になり、なんとか出場したが、結果は48キロ級の9位。メダルにはほど遠い。

翌年、腰痛《ようつう》を克服《こくふく》して、スナッチ※81キロ、ジャーク110キロ、合計191キロという48キロ級の日本新記録をマークしたが、その後股関節《こかんせつ》をケガし、以後はずっとケガとの戦いとなった。練習すれば痛みが出る。練習を休めば記録は落ち、痛みをがまんして練習すれば症状《しょうじょう》は悪化する。その悪循環《あくじゅんかん》で、記録はぱったりとのびなくなった。国内では勝てても、オリンピックのメダルなど夢のまた夢……。宏実の心に、「競技をやめたい」という思いが生まれかけていた。

それを踏《ふ》みとどまらせたのは、つねに前向きな父の指導《しどう》と、献身的《けんしんてき》な母

※ウエイトリフティング競技《きょうぎ》は、バーベルを頭上に一気にあげてから立ち上がるスナッチと、肩《かた》の位置まであげてから反動をつけて頭上にあげるジャーク（クリーン＆ジャーク）の合計で順位を競《きそ》う。

の支《ささ》えだった。家族の期待にこたえるためにも、宏実《ひろみ》は自らをふるい立たせて競技《きょうぎ》へと立ち向かった。

「メダルをねらう」と宣言《せんげん》して22歳《さい》で出場した北京《ペキン》オリンピックの結果は6位。前回より順位を上げたが、合計185キロは自己《じこ》ベストに遠くおよばない。そのくやしさが、また4年後に向けたモチベーションになる。

苦しいことの多い競技生活で、気持ちをつねに前向きに保《たも》ち続けることはとても難《むずか》しい。競技を始めて8年、ケガとの戦いと記録がのびないことは大きなストレスになっていた。さらに、寝《ね》るとき以外つねに父と二人で行うトレーニング生活も重荷になっていた。記録がのびなければ、当然父の指導《しどう》もきびしくなる。泣きながら練習場から帰る日も増えていった。

２００９年３月のある日、宏実は突然《とつぜん》、父の前から姿《すがた》を消した。

169ページの答え　③ 9回

三宅義信《みやけよしのぶ》選手はこの大会で9回の試技《しぎ》すべてを成功させるという離《はな》れ業《わざ》を演《えん》じ、トータル397.5kgの世界新記録（当時）で優勝《ゆうしょう》しました。

「途中《とちゅう》で逃《に》げ出すことは許《ゆる》さない」――父との約束を破《やぶ》ってしまったのだろうか……。

いや、宏実はウエイトリフティングから逃げてはいなかった。たった一人で沖縄《おきなわ》へ飛び、そこで毎日練習をしていたのだ。それまでの生活とちがって、練習するのも食事をするのも一人。初めての環境《かんきょう》に身をおくことで、ウエイトリフティングと改めて向き合おうとしていたのだ。

一週間後、宏実は帰ってきた。そんな宏実を父はまったく怒《おこ》らなかった。

何事もなかったかのように父と娘《むすめ》のトレーニング生活が再開《さいかい》されたが、その前とは少し変わったことがあった。折にふれ、宏実は「ありがとう」の言葉を父や母に伝えるようになったのだ。一週間の単独《たんどく》生活で、父の指導が自分のトレーニングにとってどんなに必要だったか、母の世話がどれだけ自分のよりどころになっていたかに気づいたのである。自分が生きていられるのは、みんなの助けがあるからなんだ……。その後の宏実《ひろみ》は、周りの人々に感謝《かんしゃ》の気持ちを伝えることをおしまなかった。

変わったことはもうひとつある。ひどかった股関節《こかんせつ》の痛《いた》みが、不思議と軽くなっていったのだ。それは、自分の体と一対一で対話し、自分の体とのつき合い方を覚え始めたあかしでもあった。

長いトンネルをぬけたようだった。宏実のウエイトリフティング人生は再《ふたた》び右肩上《みぎかたあ》がりの曲線をえがきだした。

２００９年７月に53キロ級で５年ぶりの日本記録更新《こうしん》を果たし、２０１０年には目標としていた合計200キロに到達《とうたつ》。２０１１年には、合計207キロと大きく記録をのばした。

そして、２０１２年ロンドンオリンピック。

左ページ・３度目のオリンピックとなる2012年ロンドン大会で、宏実《ひろみ》は念願《ねんがん》のメダリストとなった。

直前には3か月ほどケガで練習もままならない状態《じょうたい》となったが、体調や気持ちのコントロールのしかたを体得した宏実がそこでめげることはなかった。

48キロ級でいどんだ本番では合計197キロの日本新記録をマークし、3大会目の挑戦《ちょうせん》で父が44年前に獲得《かくとく》した銅《どう》メダルをこえる銀メダルを手にした。女子ウエイトリフティングでは日本初のメダルだ。競技《きょうぎ》を始めて11年、父と娘《むすめ》の夢《ゆめ》がかなった瞬間《しゅんかん》だった。

オリンピックでメダルをとったあとも、宏実のウエイトリフティング人生は続いた。シンプルな動きをくり返す一見地味《じみ》な競技だが、自

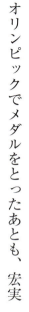

分の精神状態《せいしんじょうたい》や体調によって、日ごとにあげられる重さが変わる。年齢《ねんれい》を重ね、体に受けるダメージが大きくなっていっても、宏実《ひろみ》にとってウエイトリフティングは欠くことのできないものになっていたのだ。

２０１６年、30歳《さい》になった宏実は、腰《こし》やひざに痛《いた》みをかかえた満身創痍《まんしんそうい》の体でリオデジャネイロの舞台《ぶたい》に立っていた。ロンドン大会からこの日までの４年間は、それまでとはくらべものにならないくらいに苦しかったが、それだけ、４度目のオリンピックにかける気持ちは強かった。

最初のスナッチで、体調が万全《ばんぜん》なら余裕《よゆう》であげられるはずの81キロを２回続けて失敗。「記録なし」のピンチに追いつめられたが、土壇場《どたんば》の３回目で成功。８位で何とか望みをつなぐ。

次のジャークでは、「失敗したら日本に帰れない」という思いで、３回目に勝負をかけた107キロを成功させた。ジャークをあげた瞬間《しゅんかん》、宏実の顔に、満面の笑《え》みがあざやかな花のようにはじけた。すべての苦労はこの一《いっ》

なかなか成功が出ないなか、最後のジャーク3回目で107キロを成功させた宏実《ひろみ》は、いとおしそうにバーベルをだきかかえ、ほおずりをした。

瞬《しゅん》のために……。見ている人々をその一瞬だけで納得《なっとく》させるような笑顔《えがお》だった。

結果は、合計188キロで銅《どう》メダル。2大会連続のメダル獲得《かくとく》だ。順位は下がったが、「今までで一番うれしい」と語る宏実の言葉にうそはない。その思いを証明《しょうめい》していたのが、バーベルをおろして飛び上がって喜び、マットを降《お》りかけたあと、再《ふたた》びもどっていとおしそうにバーベルにほおずりした姿《すがた》だ。

それは15年間ともに戦ってきたバーベルへの、ありったけの感謝《かんしゃ》のしるしだった。

コラム

27歳《さい》のキャプテン、最後までおさえこんだ涙《なみだ》

福原《ふくはら》 愛《あい》選手

前回大会の銀メダルをこえる成績《せいせき》を目標に、リオデジャネイロ大会にいどんだ卓球《たっきゅう》女子団体《だんたい》。メンバーは、27歳《さい》のキャプテン・福原愛《ふくはらあい》、23歳のエース・石川《いしかわ》佳純《かすみ》、15歳の新鋭《しんえい》・伊藤美誠《いとうみま》の3人だ。

順調に勝ち進み、むかえたドイツとの準決勝《じゅんけっしょう》。2勝2敗となり、福原がキム・ハンとの最終戦にのぞんだ。

「銀メダル以上」をかけた試合は両者2ゲームずつをうばう激戦《げきせん》となったが、幕切《まくぎ》れはハン選手の※エッジボールによるものだった。ドイツの選手たちが歓喜《かんき》にわくなか、福原はラケットを持ったまま動かなかった。彼女《かのじょ》には、ボールが卓球台の側面に当たったように見えたのだ。側面ならポイントは福原に入り、試合は続く。だが、判定《はんてい》はくつがえらなかった。

試合直後のインタビューでは、はりつめた表情《ひょうじょう》のまま淡々《たんたん》と「今日の負けの原因《げんいん》はすべて私《わたし》にあります」と語った。福原は幼少期《ようしょうき》から「泣《な》き虫愛《むしあい》ちゃん」としてテレビでおなじみだった選手。本当は、誰《だれ》よりも泣きたい場面だっただろう。だが、このときの福原は、「泣き虫愛ちゃん」を完全に封印《ふういん》していた。自分が泣いたら、仲間を動揺《どうよう》させてしまう……涙《なみだ》をおさえこんだのは、キャプテンとしての責任感《せきにんかん》だった。強い気持ちを保《たも》ち続ければ、メダルは取れる。

その覚悟《かくご》は石川と伊藤にも伝わっていた。キャプテ

※卓球台《たっきゅうだい》上部の端《はし》の角の部分（エッジ）にボールが当たること。

ンの重圧《じゅうあつ》に耐《た》えながら仲間のことを一番に考えてチームをひっぱってきた福原を、二人はよく理解していた。

2日後にむかえたシンガポールとの3位決定戦。第1試合にのぞんだ福原は全力をつくしたが敗れた。第2試合では石川がストレートで相手エースを下した。第3試合のダブルスは、福原と伊藤のペア。第1試合で負けたくやしさを少しも見せず、ミスの出がちな伊藤を勇気づけながら好プレーをする福原と、しだいに勢《いきお》いに乗っていく伊藤。息の合ったプレーで第3試合を勝利した。

次のシングルスで伊藤が勝てば、3対1で日本の勝利が決まる。福原はけんめいにアドバイスし、そしていのった。福原、石川の応援《おうえん》を受け、若《わか》い伊藤の勢《いきお》いは止まることがなかった。連続ポイントにつぐ連続ポイント……、鬼気《きき》せまるプレーのすえ、強豪《きょうごう》選手を相手にストレート勝ちをおさめていた。銅《どう》メダルの確定《かくてい》だ。

その瞬間《しゅんかん》、伊藤は両手をあげて笑顔《えがお》をはじけさせ、コートサイドでは、泣き顔の福原を泣き顔の石川がだきしめていた。

勝利インタビューで、福原は次々とあふれる涙につまりながら言葉をつむいだ。

「ほんとに苦しい……苦しいオリンピックでした」

最後になって、やっと解放《かいほう》された感情《かんじょう》だった。

3位決定戦に勝利し、歓声《かんせい》にこたえる日本チーム。

2008・2012・2016

Beijing.London.Rio de Janeiro

夏季／北京《ペキン》大会・ロンドン大会・リオデジャネイロ大会

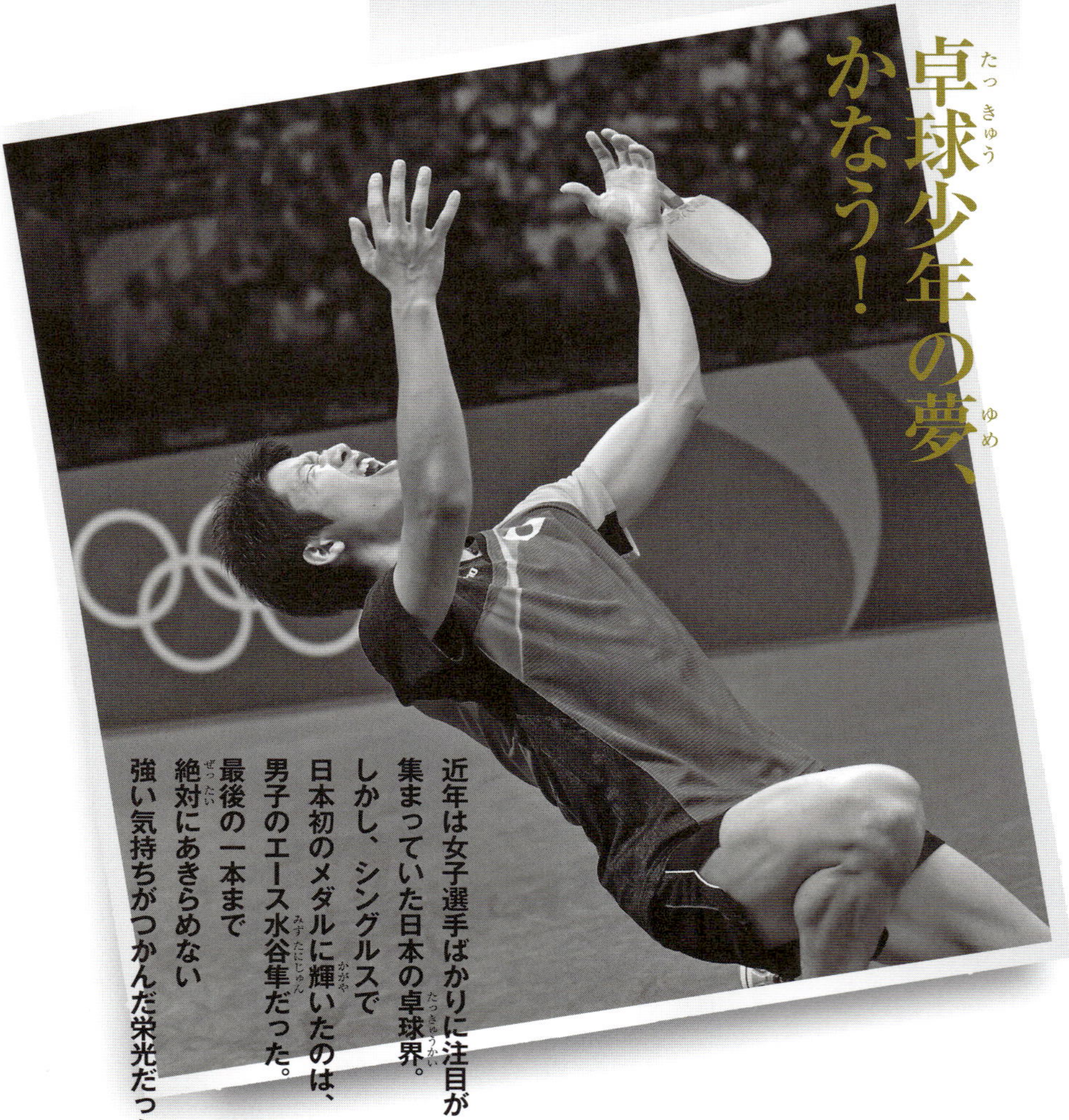

卓球《たっきゅう》少年の夢《ゆめ》、かなう！

近年は女子選手ばかりに注目が
集まっていた日本の卓球界《たっきゅうかい》。
しかし、シングルスで
日本初のメダルに輝《かがや》いたのは、
男子のエース水谷隼《みずたにじゅん》だった。
最後の一本まで
絶対《ぜったい》にあきらめない
強い気持ちがつかんだ栄光だった。

卓球《たっきゅう》／男子団体《だんたい》・シングルス

水谷《みずたに》　隼《じゅん》選手

リオデジャネイロオリンピック、卓球《たっきゅう》男子シングルス3位決定戦。勝利が決まった瞬間《しゅんかん》、水谷隼《みずたにじゅん》は雄《お》たけびをあげながらゆかにたおれこんだ。子どものころからの夢《ゆめ》がかない、ずっと感じてきた重圧《じゅうあつ》から解放《かいほう》された瞬間だった。

その6日後には、男子初の団体《だんたい》銀メダルも獲得《かくとく》し、卓球界に新たな歴史を刻《きざ》んだ。

水谷が卓球を始めたのは5歳《さい》のとき。両親が立ち上げた卓球教室で、初めてラケットをにぎった。

すぐに才能《さいのう》は開花した。小学生のときから全国大会で優勝《ゆうしょう》を重ねる。中学生でドイツに卓球留学《りゅうがく》。ドイツのプロリーグに参戦するようになる。

海外生活は孤独《こどく》でつらい日々だった。周囲に気持ちを伝えることができ

右ページ・男子シングルス３位決定戦で勝利し、両手をあげてたおれこむ水谷《みずたに》。オリンピックの卓球競技《たっきゅうきょうぎ》で日本男子初のメダルを決めた瞬間《しゅんかん》だった。

ず、「日本に帰りたい」と毎日親や友人に電話をした。ピザとコーラばかりの食生活を続け、すねを疲労骨折《ひろうこっせつ》したこともあった。

その一方で、実力はめきめき上がっていった。周囲から「天才」と言われ、弱音をはくことも許《ゆる》されなくなっていく。

2005年、史上最年少（当時）で世界選手権《せんしゅけん》日本代表に選ばれた。

2007年には、やはり最年少で※全日本選手権シングルスを制覇《せいは》する。

オリンピックに初めて出場したのは、2008年の北京《ペキン》大会だった。

当時の世界ランキングは21位。メダルを目標にかかげていたが、シングルスでは3回戦で敗退《はいたい》した。

「精神的《せいしんてき》に守りに入ってしまった」

自分らしい卓球《たっきゅう》ができずに終わってしまった。

団体戦《だんたいせん》では、準決勝《じゅんけっしょう》に進んだものの、おしくも3対2でドイツに敗れる。

メダルまであと一歩だったのにと、くやしい思いは長く残った。

2007年、水谷《みずたに》は史上最年少の17歳《さい》で全日本卓球選手権《たっきゅうせんしゅけん》の男子シングルスで優勝《ゆうしょう》した。

※その後10年連続で決勝に進出し、うち8回優勝《ゆうしょう》している（2017年現在）。

翌《よく》２００９年に、世界最高峰《さいこうほう》といわれる中国《ちゅうごく》のスーパーリーグに飛びこんだ。ここでさらに力をつけ、東アジア大会で世界ランキング１位の中国選手を破《やぶ》るなど活躍《かつやく》。国内では、２０１１年に史上初の全日本選手権男子シングルス５連覇《れんぱ》を達成した。

そして２度目のオリンピックとなる、２０１２年ロンドン大会。

水谷《みずたに》は世界ランキング５位。メダルをねらえる位置にいた。４年前の雪《せっ》辱《じょく》を果たしたいとの強い思いでのぞんだ。

ところがシングルスの４回戦。過去《かこ》にストレート勝ちした格下《かくした》の相手にまさかのストレート負けをする。

「周りからメダルを期待され、プレッシャーに負けた」

またも実力が出せなかった。水谷は自分に失望する。

オリパラクイズ.21

リオデジャネイロ大会卓球《たっきゅう》男子シングルス準決勝《じゅんけっしょう》の水谷《みずたに》選手と馬龍《マーロン》選手（中国）の試合は、壮絶《そうぜつ》なラリーの応酬《おうしゅう》で観客《ねっきょう》を熱狂《ねっきょう》させました。この試合で最も長かったラリーは何回でしょうか？

①17回　②27回　③37回

（答えは次のページ）

団体《だんたい》でも、準々決勝《じゅんじゅんけっしょう》で敗退《はいたい》。「もっと強くなりたい、世界で勝ちたい」と心の底から思いながらコートをあとにした。

このロンドン大会で、日本女子チームは初の団体銀メダルに輝《かがや》いた。帰国した成田《なりた》での会見では、女子選手に次々と質問が飛ぶ。選手たちは満面の笑顔《えがお》で答えていた。

一方、男子の会見には質問が出ず、わずか数分で終わった。

「自分が現役《げんえき》のうちに男子初のメダルを取らなくてはいけない」

水谷《みずたに》はメダルへの熱望をいっそう強くした。

ロンドン大会の後、水谷は勇気ある行動に出た。ラケットの補助剤《ほじょざい》使用に対する問題提起《ていき》である。

ラケットのラバーにブースターと呼《よ》ばれる補助剤をぬると反発力が高まる。使用は禁《きん》じられているが、見た目にはわからず検査《けんさ》する方法もないた

183ページの答え ② 27回

準決勝《じゅんけっしょう》ではゲームカウント２対４で馬龍《マーロン》選手に敗れた水谷《みずたに》選手でしたが、壮絶《そうぜつ》なラリーの応酬《おうしゅう》は見ている者を驚《おどろ》かせました。次のサムソノフ選手（ベラルーシ）との３位決定戦では、最長48回のラリーを制《せい》し、みごと勝利しました。

め、日本など一部の選手をのぞき、世界の多くの選手が使っていた。この問題に抗議《こうぎ》し、国際《こくさい》大会をボイコットすると宣言《せんげん》したのだ。しかし、水谷の行動は実らず、いっこうに改善《かいぜん》はなされなかった。

4、5か月たって、「やはり卓球《たっきゅう》が好きだから」と、復帰《ふっき》を決めた。ところが、復帰後すぐにむかえた2013年の全日本選手権《せんしゅけん》では決勝で敗れ、その後の世界選手権でも初戦で敗退してしまう。

「ぎりぎりのところで、このままだと一生後悔《こうかい》することに気づいた。自分がもっとできることを証明《しょうめい》しなくては」

そのためには新しい環境《かんきょう》で自分の卓球を変えるしかないと覚悟《かくご》を決め、再《ふたた》び日本をはなれ、2013年9月からロシアのプロリーグに参戦する。名コーチとして知られる中国人の邱建新《チウジエンシン》と契約《けいやく》を結んだ。邱《チウ》コーチのもとで体づくり、技術《ぎじゅつ》、戦術、練習、すべての改善《かいぜん》に努めた。

一時15位まで下がった世界ランキングが、2014年にはまた5位まで

オリパラクイズ.22

2020年東京《とうきょう》大会では、卓球競技《たっきゅうきょうぎ》に新種目が加わります。その種目は何でしょうか？

①混合《こんごう》ダブルス　②混合団体《こんごうだんたい》　③ラージボール・シングルス

（答えは次のページ）

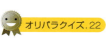

上昇《じょうしょう》。全日本選手権《せんしゅけん》のタイトルも奪回《だっかい》した。

いよいよ2016年、リオデジャネイロオリンピック。今度こそ絶対《ぜったい》にメダルを持ち帰りたい。今度こそ自分のプレーをして力を出し切りたい。北京《ペキン》から8年間、ロンドンから4年間、必死に努力してきたのだ。水谷《みずたに》のメダルへの熱い思いはさらに強くなっていた。

男子シングルス、第4シードの水谷は3回戦からの出場だった。ギリシャのギオニスには4対1で勝利。

続く4回戦は地元ブラジルのカルデラノを相手に苦しんだ。観客はブラジルの応援《おうえん》一色。ウェーブが起こり、大声援《だいせいえん》と手拍子《てびょうし》が飛ぶ。水谷がサーブをするとブーイング。ペースはくずされ、ゲームカウント2対0でリー

185ページの答え ①混合《こんごう》ダブルス

男女がペアを組む混合ダブルスは、世界選手権《せんしゅけん》では以前から実施《じっし》されており、2017年の世界選手権では、吉村真晴《よしむらまはる》選手と石川佳純《いしかわかすみ》選手のペアが日本選手48年ぶりの金メダルを獲得《かくとく》しました。2020年の東京《とうきょう》大会も楽しみですね。

ドしていたが、2対2まで追いつかれた。

でも、「こんなところで絶対《ぜったい》負けちゃダメだ」と気合を入れ直す。第6ゲームで7―10と追いこまれたものの、デュースに持ちこみ、12―10と逆《ぎゃく》転《てん》し勝利。ロンドン大会からメンタルでも成長していた水谷は、雰囲気《ふんいき》に飲まれたまま終わることはなかった。

準々決勝《じゅんじゅんけっしょう》は、ポルトガルのフレイタスを相手に、4対2で勝利。

準決勝《じゅんけっしょう》の相手は世界ランキング1位の中国《ちゅうごく》の馬龍《マーロン》。

まるでマンガか映画を見ているような激《はげ》しいラリーが続き、観客をくぎづけにする。3ゲームを先取され、このままストレート負けかと思われたが、ねばって2ゲームをうばい返す。水谷の執念《しゅうねん》をみせつける試合だった。

しかし世界王者の壁《かべ》は厚《あつ》く、2対4で敗れた。

そして、メダルをかけた3位決定戦。

相手は40歳《さい》のベテラン、ベラルーシのサムソノフだ。

オリパラクイズ.23

1964年東京《とうきょう》オリンピックの閉会式《へいかいしき》では選手入場の際《さい》、あるハプニングがありました。どんなハプニングだったでしょうか？

①雷《かみなり》で停電《ていでん》し、真っ暗になった　②犬がグラウンドに飛び出した

③各国の選手が入り乱《みだ》れて入場した

（答えは190ページ）

水谷《みずたに》は積極的なプレーで第1、第2ゲームを連取。第3ゲームは水谷にミスが目立ち落とす。第4ゲームは水谷が14―12で接戦《せっせん》を制《せい》す。

そして第5ゲーム。

「今日負けたら一生後悔《こうかい》すると思うし、死にたくなると思うので絶対《ぜったい》に負けたくないという気持ちでがんばった」

10―8から、最後は渾身《こんしん》のスマッシュで決めた。

ついに男女を通して卓球《たっきゅう》シングルスで日本初のメダル、そして男子卓球で初のメダルを手にした。

ラケットを放《ほう》り投げ、ガッツポーズをしたままゆかにたおれこむ。

ここまでの長い道のりが、走馬灯《そうまとう》のように脳裏《のうり》に浮《う》かんできた。

「卓球を始めたときからの夢《ゆめ》だった。かなえられて本当にうれしい」

「たくさんの方がオリンピックに出場して誰《だれ》も個人《こじん》でのメダルをとっていなかったので、その人たちの分まで一生懸命《いっしょうけんめい》がんばった」

左ページ・男子シングルス3位決定戦。サムソノフ(ベラルーシ)との対戦で、渾身《こんしん》のスマッシュを打つ水谷《みずたに》。

「卓球界《たっきゅうかい》にとっても、ものすごく大きな銅《どう》メダルだと思う」

心からわきあがる喜びを語った。

6日後。もうひとつの挑戦《ちょうせん》が待っていた。男子団体戦《だんたいせん》だ。男子の卓球を盛《も》り上げるという目標のためには、団体でのメダルも欠かせない。

ポーランド、香港《ホンコン》を破《やぶ》り、準決勝《じゅんけっしょう》は世界ランキング2位のドイツとの対戦となった。この試合に勝てば銀メダル以上が決まる。そのために、水谷《みずたに》にはシングルスで2勝することが期待されていた。

第1試合のシングルスは、吉村真晴《よしむらまはる》がオフチャロフに3対0で敗れるが、第2試合で水谷が対戦成績《せいせき》で1勝15敗と苦手《にがて》にしていたボルに3対0で勝ち、流れが変わる。第3試合のダブルスは、丹羽孝希《にわこうき》、吉村組がボル、シュテーガー組を3対1で下す。そして、第4試合のシングルスは、水谷がシュテーガーを3対0と圧倒《あっとう》し、日本が勝利。ついに決勝進出が決まった。

187ページの答え　③各国の選手が入り乱《みだ》れて入場した

自然発生的に各国の選手が手をつなぎ、肩《かた》を組みながら入り乱れて入場し、国境《こっきょう》や勝敗を超《こ》えて「世界はひとつ」であることを演出《えんしゅつ》しました。そんな選手たちの姿《すがた》は人々の心をなごませ、大きな感動を生みました。

決勝では世界ランキング1位の中国《ちゅうごく》と対戦。水谷がシングルスで1勝をあげるなど大健闘《だいけんとう》したが敗れ、日本の銀メダルが確定《かくてい》した。

メダルを2つ手にした水谷に、メディアの取材攻勢《こうせい》が始まった。テレビ番組へのオファーも殺到《さっとう》。そこで、水谷のさまざまなエピソードが明らかになった。

ロンドン大会では、襟足《えりあし》を金髪《きんぱつ》に染《そ》めた。卓球男子では髪《かみ》を染めることは禁止されているが、襟足ならと染めてみた。メディアは無反応だった。「ヒール（悪役）やります」と言って、強気発言をし、注目を集めようとしたこともあった。ただの「ビッグマウス」と言われて終わった。インタビューで先輩《せんぱい》を「くんづけ」でよび、ひどく怒《おこ》られたこともある。

すべて話題づくりのためだった。女子ばかりが注目される中で卓球男子を盛《も》り上げたい、メジャーにしたいためにしたことだ。

2020年東京《とうきょう》オリンピック・パラリンピックが世界の人々にとって心にのこる大会となるように、みんなで応援《おうえん》しましょう。

オリパラクイズ
ゴ〜〜ル!!!

マナーに反するという批判《ひはん》もある派手《はで》なガッツポーズも、卓球《たっきゅう》は暗いというイメージを変えるためだった。

リオデジャネイロ大会では、卓球のおもしろさに日本中が熱狂《ねっきょう》した。すさまじい高速ラリー、熱く知的なかけひき、迫《はく》力《りょく》と緻密《ちみつ》さ……男子卓球の魅力《みりょく》は十分伝わった。水谷《みずたに》の明るく楽しいキャラクターによって、地味《じみ》なイメージも消えつつある。2つのメダルで、自分の夢《ゆめ》をかなえただけでなく、日本の男子卓球界を背負《せお》うエースとしての使命と責任《せきにん》を果たしたのだ。

そして次の夢は、世界の頂点《ちょうてん》だ。

「日本のレベルは上がっている。いずれ中国《ちゅうごく》をたおすことも可能《かのう》だと思う」

次なる挑戦《ちょうせん》に向けて、水谷は歩み続けている。

銀メダルを獲得《かくとく》した団《だん》体戦《たいせん》のメンバー。左から、丹羽《にわ》、吉村《よしむら》、水谷《みずたに》、倉嶋洋介監督《くらしまようすけかんとく》。

特集 2

2020年 東京《とうきょう》オリンピックの 新《しん》競《きょう》技《ぎ》はこれだ！

2020年東京オリンピックでは、「野球《やきゅう》・ソフトボール」「空手《からて》」「スポーツクライミング」「サーフィン」「スケートボード」の５競技18種目が追加される。野球・ソフトボールは３大会ぶりの復活《ふっかつ》、他の４競技は初めての実施《じっし》となる。これらの競技についてみていこう。

野球／ソフトボール
Baseball/Softball

種目…**野球**（男子）、**ソフトボール**（女子）

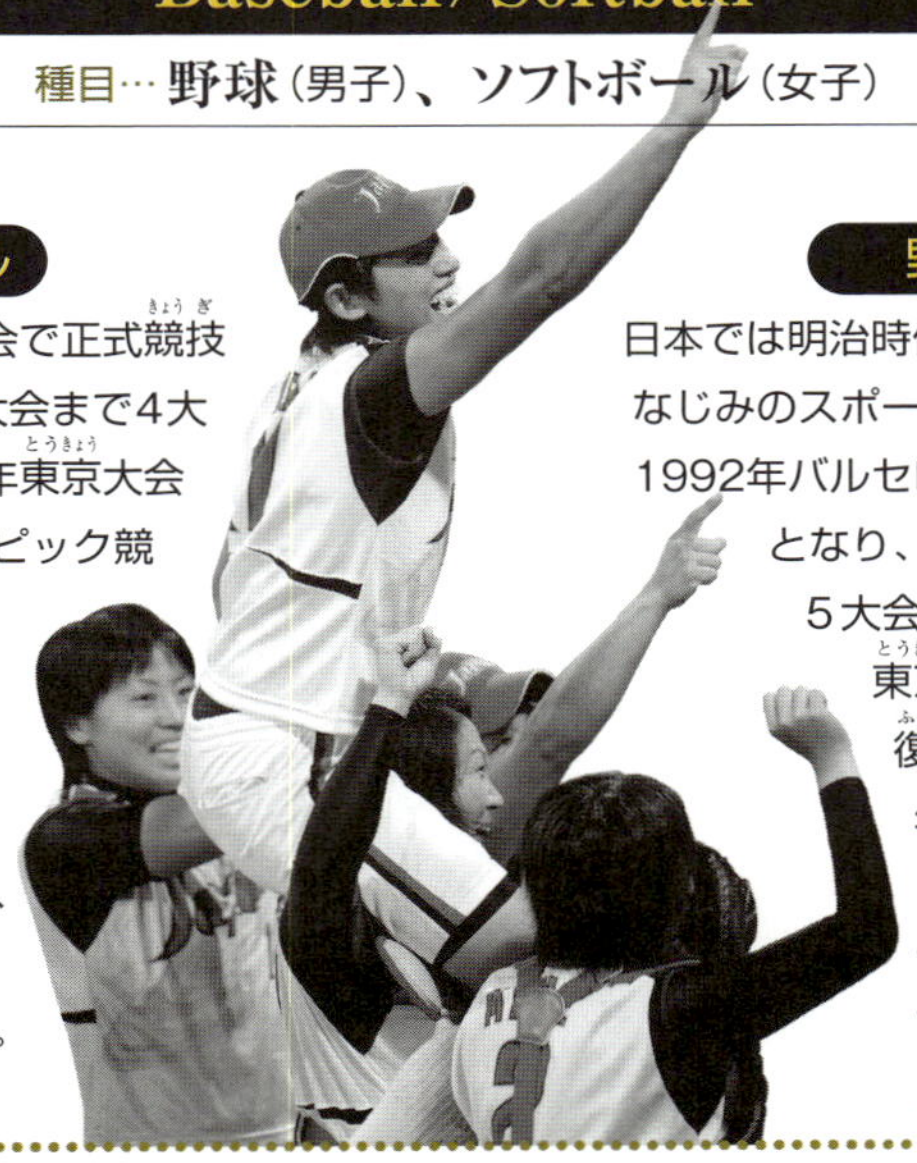

ソフトボール

1996年アトランタ大会で正式競技《きょうぎ》となり、2008年北京《ペキン》大会まで4大会実施された。2020年東京《とうきょう》大会で３大会ぶりにオリンピック競技としてもどってくるソフトボール。日本は2000年シドニー大会で銀メダル、2004年アテネ大会で銅《どう》メダル、2008年北京大会では金メダルに輝《かが》いている。

（写真は北京大会）

野球

日本では明治時代から行われているおなじみのスポーツ。オリンピックでは1992年バルセロナ大会から正式競技《きょうぎ》となり、2008年北京《ペキン》大会まで５大会実施《じっし》された。2020年東京《とうきょう》大会で３大会ぶりに復活《ふっかつ》する。日本は1996年アトランタ大会で銀メダル、1992年バルセロナ大会と2004年アテネ大会銅《どう》メダルを獲得《かくとく》している。

見どころ

〔野球〕WBC（ワールド・ベースボール・クラシック）のような最強メンバーが何色のメダルをもたらしてくれるかが見もの。
〔ソフトボール〕７回で試合終了《しゅうりょう》、フィールドが小さい、投手は下手《したて》投げ、などが野球とは異《こと》なる。投手と打者との距離《きょり》が短いため、投手の投げる時速120km前後のボールが、打者にとっては野球でいえば時速170kmくらいに感じるといわれる。スピーディーな試合展開《てんかい》が見どころ。

空手
Karate

種目…形《かた》（男女）、組手《くみて》３階級《かいきゅう》（男女）

競技《きょうぎ》の由来歴史

武器《ぶき》を持たずに身を守る武術《ぶじゅつ》として、かつて琉球王国《りゅうきゅう》だった沖縄《おきなわ》に古くから伝わっていた格闘技《かくとうぎ》が発展《はってん》して空手になった。大正から昭和にかけて日本全国に広まり、1954年に初めての全国大会が開催《かいさい》された。

形《かた》

トーナメント方式で行われ、２人の選手が順番にそれぞれ「突《つ》き」「蹴《け》り」を行い、スピードとリズム、バランスや形の美しさを競《きそ》う。５人の審判員《しんぱんいん》の判定《はんてい》で勝者が決まる。

見どころ

世界空手連盟《れんめい》が定めた形は約75種類あり、トーナメントでは１回戦から決勝戦まですべて異《こと》なる演武《えんぶ》を行わなければならない。

組手《くみて》

「突《つ》き」や「蹴《け》り」を相手の定められた部位に向かってくりだすが、相手の体の数ミリ手前で止めるため、相手の体には当たらない。

見どころ

攻撃《こうげき》部位や技《わざ》の正《せい》確《かく》さによって、一本（３ポイント）、技あり（２ポイント）、有効《ゆうこう》（1ポイント）があたえられる。一瞬《いっしゅん》の攻防《こうぼう》で勝負が決まり、目がはなせない。

勝敗は？

勝敗を決める方法は４つある。

① 競技《きょうぎ》時間内に８ポイントの差をつける。
② 棄権《きけん》・反則《はんそく》・失格《しっかく》があった場合には、その対戦相手を勝者とする。
③ 競技時間終了《しゅうりょう》時点でポイントを相手より多く獲得《かくとく》している。
④ 競技時間終了時点で同点の場合には、判定《はんてい》で勝敗を決める。

スポーツクライミング

Sport Climbing

種目…**ボルダリング・リード・スピード複合《ふくごう》**（男女）

競技《きょうぎ》の由来歴史

岩場を登るスピードを競《きそ》うようになったことがスポーツクライミングの始まりで、ヨーロッパを中心に発展《はってん》した。「ホールド」と呼《よ》ばれる突起《とっき》をたよりに人工の壁《かべ》を登る競技《きょうぎ》として行われるようになり、1990年代から国際《こくさい》大会が実施《じっし》されるようになった。

勝敗は？

オリンピックでは、「リード」「ボルダリング」「スピード」３種目の総合成績《そうごうせいせき》で順位を決める。

ボルダリング

高さ5mの壁《かべ》に設置《せっち》されたコースを、制限《せいげん》時間内にいくつ登れるかを競《きそ》う。

（写真は日本の野口啓代《のぐちあきよ》選手）

見どころ

１つの壁《かべ》を４分以内に登れば「完登《かんとう》」。４分以内ならば何回落ちても再《さい》トライできる。完登の数が多いと順位が上で、同じ完登数ならトライ数が少ない選手が上位。正確《せいかく》さと判断力《はんだんりょく》が試《ため》される。

リード

12mを超《こ》える高さの壁《かべ》に設定《せってい》されたコースを登り、制限《せいげん》時間内にどこまで到達《とうたつ》できるかを競《きそ》う。

見どころ

3つの種目の中ではもっともコースが長いため、持久力《じきゅうりょく》が勝敗を分ける。
「リード」という名のロープを使って選手の安全を守る。

スピード

２人の選手がとなり合わせで同じ条件《じょうけん》の壁《かべ》を登る。勝ちぬき方式で行われる。

見どころ

速さをコンマ何秒まで競《きそ》う種目であるため、瞬発力《しゅんばつりょく》が重要となる。

サーフィン

Surfing

種目…**ショートボード**（男女）

競技《きょうぎ》の由来 歴史

ハワイ、タヒチなどで暮《く》らす古代ポリネシアの人々が木の板の上に立って波を乗りこなすことを始めたのがサーフィンの原型。世界にサーフィンを広めたのは、ハワイ出身で1912年ストックホルム大会競泳金メダリストのデューク・カハナモクで、「サーフィンの父」と呼《よ》ばれている。

ボードのこと

オリンピックのサーフィンは、選手の身長と同じか少し短い5〜6フィート（150〜180cm）のショートボードで行われる。9フィート（約274cm）以上あるロングボードは使用されない。

ショートボードはロングボードと比《くら》べてボードの上に立つのが難《むずか》しいが、波の上で回転しやすい。

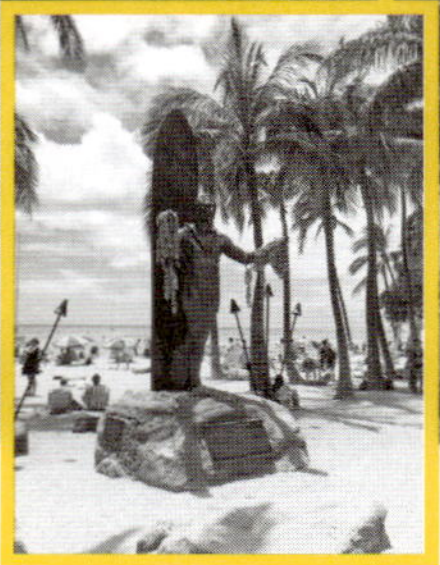

デューク・カハナモク像《ぞう》
（ハワイ・オアフ島ワイキキビーチ）

見どころ

波の上をすべるスピードとパワー、技《わざ》の難易度《なんいど》や新しさ、技の組み合わせや美しさなどによって得点が変わる。よい波をつかむことも大事になる。2020年東京《とうきょう》大会のサーフィン競技《きょうぎ》は、千葉《ちば》県九十九里浜《くじゅうくりはま》の釣ヶ崎《つりがさき》海岸で行われる。

勝敗は？

競技《きょうぎ》では、選手がサーフボードに乗って波を乗りこなしながらさまざまな技《わざ》をくりだし、複数《ふくすう》の審査員《しんさいん》の採点《さいてん》によって得点が決まる。競技時間内に何度かパフォーマンスを行ったうち、高得点だった２本の合計で順位を決める予定。

スケートボード

Skateboarding

種目…**パーク**（男女）、**ストリート**（男女）

競技《きょうぎ》の由来歴史

1940年代にアメリカ西海岸で生まれたとされるスポーツ。当初は木製《もくせい》の板や箱にローラースケートのホイール（車輪）を取り付けたものだったが、少しずつ改良されていく。1964年にカリフォルニアで「スケートボーダー」という雑誌《ざっし》が発行され、急激《きゅうげき》にスケートボード人口が増えた。

パーク

カリフォルニアの高級住宅《じゅうたく》や別荘《べっそう》にあるプールから水をぬき、お椀《わん》のような滑走面《かっそうめん》を使用したことが始まりといわれる。
競技《きょうぎ》では、湾曲《わんきょく》した滑走面を複雑《ふくざつ》に組み合わせたコンビプールと呼《よ》ばれるコースを使う。

見どころ

スピードに乗って空中に飛び出して行う回転技《わざ》が見もの。

ストリート

街中の階段《かいだん》や縁石《えんせき》、手すりや斜《しゃ》面《めん》などに見立てた構造物《こうぞうぶつ》、障害《しょうがい》物《ぶつ》が設置《せっち》されたコースを使う。

見どころ

スケートボードを細かく使った複雑《ふくざつ》な技《わざ》が見どころ。

勝敗は？

どちらの種目も採点《さいてん》によって順位を決める。技《わざ》の難易度《なんいど》や組み合わせ方、成功率《りつ》、スピード、オリジナリティなどが採点要素《ようそ》となる。

【奇跡の5連続ポイント、大逆転の金メダル】
『Sports Graphic Number PLUS October 2016 Rio』（文藝春秋）二〇一六
『Sports Graphic Number 2016/9/9特別増刊号 Rio 2016 Review』（文藝春秋）二〇一六
『バドミントン・マガジン 二〇一六年一〇月号~二〇一七年二月号』（ベースボール・マガジン社）二〇一六・二〇一七

【日本が「9秒台」を超えた日】
『10秒00の壁を破れ！ 陸上男子100m若きアスリートたちの挑戦』高野祐太（講談社）二〇一六
『陸上競技マガジン 二〇一六年五月号~一一月号』（ベースボール・マガジン社）二〇一六
『月刊陸上競技 二〇一六年五月号~一〇月号』（講談社）二〇一六
『Sports Graphic Number 2016/9/9特別増刊号Rio 2016 Review』（文芸春秋）二〇一六
『Sports Graphic Number PLUS October 2016 Rio』（文芸春秋）二〇一六

【サッカー大国の悲劇をふきとばした魂のワンプレー】
『ネイマール：父の教え、僕の生きかた』ネイマール&ネイマール・ジュニア（徳間書店）二〇一四
『ネイマール：ピッチでくりだす魔法』マイケル・パート（ポプラ社）二〇一四

【武者修行が生んだアジア初のメダル】
『Sports Graphic Number 2016/9/9特別増刊号Rio 2016 Review』（文藝春秋）二〇一六
「ミキハウススポーツクラブ カヌー 羽田卓也」（http://sports.mikihouse.co.jp/profile/index/player_id/48/）
「東京新聞Web カヌー・羽田選手「銅」実った欧州修行、歴史刻んだ」（http://www.tokyo-np.co.jp/article/sports/list/201608/CK2016081002000230.html）
「東京FM Dream HEART vol.194 羽根田卓也さん」（http://www.tfm.co.jp/dreamheart/index.php?catid=1745&itemid=117498）

【史上最高のアスリートの「ラストダンス」】
『ウサイン・ボルト自伝』ウサイン・ボルト（集英社）二〇一五
『U・ボルト』（SPORTS LEGEND）スポーツ伝説研究会（汐文社）二〇一一
『陸上競技マガジン 二〇一六年一〇月号』（ベースボール・マガジン社）二〇一六
DVD「アイ・アム・ボルト」（NBCユニバーサル・エンターテイメントジャパン）二〇一六
「NHKクローズアップ現代」（http://www.nhk.or.jp/gendai/articles/3848/1.html）

【表彰台の上の非情な運命】
『日本の誇る天才スイマー 萩野公介』本郷陽二編（汐文社）二〇一六
『Sports Graphic Number PLUS October 2016 Rio』（文藝春秋）二〇一六
『Sports Graphic Number 2016/9/9特別増刊号Rio 2016 Review』（文藝春秋）二〇一六
『スイミングマガジン 二〇一六年七月号・九月号・十月号』（ベースボール・マガジン社）二〇一六
「THE HUFFINGTON POST」http://www.huffingtonpost.jp/2016/08/06/story_n_11362358.html
「産経ニュース・リオデジャネイロオリンピック2016」（http://www.sankei.com/rio2016/news/160807/rio1608070003-n1.html）
「日刊スポーツ」（http://www.nikkansports.com/olympic/rio2016/swimming/news/1690877.html）

【5日間の死闘でみせた「生きざま」】
「朝日新聞デジタル「チャレンジドwonder athletes 03見えない世界を、進む」」（http://www.asahi.com/special/challenged/swimming/keikimura/）
「滋賀県公式HP」（http://www.pref.shiga.lg.jp/person/keiichi_kimura/index.html）

【世界のフェデラーに認められた史上最強の車いすプレーヤー】
『神木隆之介のMaster's Cafe 達人たちの夢の叶えかた』神木隆之介（マガジンハウス）二〇一五
『Tarzan特別編集 パラアスリートJAPAN 究極のスポーツギア』（マガジンハウス）二〇一六
「朝日新聞GLOBE Breakthrough 突破する力〔No60〕国枝慎吾」（http://globe.asahi.com/breakthrough/110717/01_01.html）

「日本財団パラリンピックサポートセンター　超人特集Vol.2」(https://www.parasapo.tokyo/interview/2/)
「ＮＨＫオンライン　２０２０パラリンピックへの道　車いすテニス・国枝慎吾選手」(http://www.nhk.or.jp/shutoken/miraima/articles/00044.html)

【「孤高の絶対女王」が追い求め続けるもの】

『一日一日、強くなる　伊調馨の「壁を乗り越える」言葉』伊調馨、宮崎俊哉（講談社）二〇一六
『Sports Graphic Number 2016/9/9特別増刊号Rio 2016 Review』（文藝春秋）二〇一六
『Sports Graphic Number PLUS October 2016 Rio』（文藝春秋）二〇一六

【王者が手にした「一番重いメダル」】

『Sports Graphic Number 2016/9/9特別増刊号Rio 2016 Review』（文藝春秋）二〇一六
「Sports Graphic Number Web 2012/07/25　団体へ懸ける思い　内村航平「日の丸の重みを知って」」(http://number.bunshun.jp/articles/-/239371)
「日本経済新聞Web　団体への思い、原点はアテネ 15歳の内村「本物」に衝撃」(http://www.nikkei.com/article/DGXLZO05855010Z00C16A8CC0000/)
「ＡＦＰ通信2016/8/11「絶対王者」が個人総合連覇、メダリストが内村をたたえる」(http://www.afpbb.com/articles/-/3097141)

【姉ちゃんの金メダル】

『Sports Graphic Number PLUS October 2016 Rio』（文藝春秋）二〇一六
『Sports Graphic Number 2016/9/9特別増刊号Rio 2016 Review』（文藝春秋）二〇一六
「産経ニュース・リオデジャネイロオリンピック2016」(http://www.sankei.com/rio2016/news/160811/rio1608110121-n1.html)
「日刊スポーツ」(https://www.nikkansports.com/sports/news/1633365.html)

【ありったけの感謝をバーベルに】

『私を変えたオリンピック　メダルの色では語れない物語』佐藤岳（廣済堂出版）二〇一三
『すきっとvol.26』（天理教道友社）二〇一五
『Sports Graphic Number PLUS October 2016 Rio』（文藝春秋）二〇一六
「web Sportiva Love Sports」(https://sportiva.shueisha.co.jp/clm/othersports/other/2012/07/29/12/index_2.php)
「nikkansports.com」(http://www.nikkansports.com/olympic/rio2016/weightlifting/news/1690899.html)
「nikkansports.com」(http://www.nikkansports.com/olympic/rio2016/weightlifting/news/1691276.html)

【卓球少年の夢、かなう！】

『負ける人は無駄な練習をする』水谷隼（卓球王国）二〇一六
「東京新聞2016/8/12夕刊」
「日刊スポーツ2016/8/12「iRONNA 卓球の神様が微笑んだ！メダルをもたらした水谷隼の使命と情熱　小林信也」」(http://ironna.jp/article/3833)
「HUFFPOST 水谷隼、悲願の銅メダル「夢が叶えられて本当にうれしい」卓球男子シングルス【リオオリンピック】」(http://www.huffingtonpost.jp/2016/08/11/jun-mizutani-teble-tennis_n_11463520.html)

【コラム】

『Sports Graphic Number PLUS October 2016 Rio』（文藝春秋）二〇一六
『Sports Graphic Number 2016/9/9特別増刊号Rio 2016 Review』（文藝春秋）二〇一六
『「最強」の結果を生み出す「負けない心」の作り方』栄和仁（ＫＡＤＯＫＡＷＡ）二〇一六
「nikkansports.com 錦織リオへ決意「十分メダル圏」／単独インタビュー」(https://www.nikkansports.com/sports/news/1649585.html)
「SANSPO.COM リオオリンピック・パラリンピック 錦織「選手村のシャワーがすげえ強くなって…それがうれしくて」／テニス」(http://www.sanspo.com/rio2016/news/20160815/rio16081511510083-n1.html)
「朝日新聞デジタル　接触のカナダ選手から「ソーリー」銅の荒井、最後はハグ」(http://www.asahi.com/articles/ASJ8N2VHLJ8NTIPE007.html)
「ＡＦＰ通信2016/8/17　転倒が呼んだドラマ、励まし合った2選手が決勝進出へ 女子5000m」(http://www.afpbb.com/articles/-/3097784)
「HUFFPOST「起きて！ゴールしなくちゃ」転倒したランナーは、助け合ってゴールした【リオオリンピック】」(http://www.huffingtonpost.jp/2016/08/17/olympic-runners-crashed-together-willed-each-other_n_11577216.html)

［監修者］
大野益弘（おおの ますひろ）

日本スポーツ芸術協会理事、日本オリンピック・アカデミー理事。筑波大学大学院人間総合科学研究科スポーツ健康システム・マネジメント（修士課程）修了。福武書店（現ベネッセ）等を経て、編集プロダクションを設立。スポーツ関係の書籍・雑誌を数多く編集するとともに、ノンフィクションの執筆も手がける。著書に、『金メダリストのシューズ』、『オリンピック ヒーローたちの物語』（以上ポプラ社）、『ヤングアメリカンズと日本の子どもたち』（メディアバル）など。

［文］
大野益弘
榎本康子
美甘玲美

［編集協力］
株式会社ジャニス

［装丁・本文デザイン］
土方芳枝

［写真］
フォート・キシモト
共同通信社
朝日新聞社

［イラスト］
明昌堂

心にのこる
オリンピック・パラリンピックの
読みもの 別巻

リオから東京《とうきょう》へ、つながる夢《ゆめ》

2017年9月29日　第1刷発行

監修者　大野益弘
発行者　中嶋則雄
発行所　学校図書株式会社
〒114-0001　東京都北区東十条3-10-36
電話　03-5843-9432
FAX　03-5843-9438

組版　株式会社　明昌堂
印刷／製本　図書印刷株式会社

定価はカバーに表示してあります。落丁・乱丁はお取り替えいたします。
ISBN978-4-7625-0188-3　C8075